文学国語
学習課題集

第一学習社

はしがき

本書は、「文学国語」教科書に完全準拠した学習課題集です。教科書採録の教材について、実際に書き込む作業を通して内容を理解していくことができるようにしました。予習・復習のための自学・自習用のサブノートとしてはもちろん、授業の併用教材としても十分に役立つよう、要点を押さえた編集をしました。

◆本書の構成と内容

本書は、「第Ⅰ部」「第Ⅱ部」「付録」の三部構成です。また、各教材は、次のような内容から構成されています。

◇教材を学ぶ観点を知る

①学習目標　各教材に設置し、その教材で何を学ぶのかを見通せるようにしました。

②評価の観点　「展開の把握」や「内容の理解」などコーナーごとに、評価の観点（「知識・技能」「思考力・判断力・表現力」）を置き、身につける内容を示しました。

◇基礎的な力を養い、教材を読解する

③漢字・語句　国語の学習全般で必要な、漢字・語句の読みや意味を確認できるようにしました。

④展開の把握（要点の整理）・主題　意味段落などをベースに、本文の内容や設定、主題を整理したものを用意しました。要点となる箇所を埋

使い方のポイント

自学自習のためのウェブコンテンツを用意しました。各教材ページと目次に設けた二次元コードを読み込むことで利用できます。
各教材ページ…その教材ごとのコンテンツにジャンプします。
目次ページ…コンテンツの一覧画面にジャンプします。
※利用に際しては、一般に、通信料が発生します。

めていく空欄補充形式で、本文全体の構成や展開を把握することができます。

⑤内容の理解　客観問題と記述問題とをバランスよく用意し、本文読解にあたって、重要な点を押さえられるようにしました。

◇教科書の学習と関連づける

⑥帯　「漢字・語句」の上部に教科書の本文掲載ページ・行を示す帯、「内容の理解」の上部に意味段落を示す帯を付け、教科書と照合しやすくしました。

⑦脚問・傍問・学習・活動　教科書の「脚問」「傍問」「学習（活動）の手引き」と関連した問いの下部に、アイコンを付けました。

◆本書の特色

❶新傾向問題　「内容の理解」で、最近の入試傾向をふまえ、会話形式や条件付き記述などの問いを、適宜設定しました。

❷活動　教科書収録教材と、他の文章・資料とを読み比べる、特集ページを設けました。

❸ウェブコンテンツ　漢字の設問を、ウェブ上で繰り返し取り組めるように、二次元コードを設置しました。

❹入試問題に挑戦　教科書採録作家の別文章が取り上げられた入試問題（改題）を用意しました。

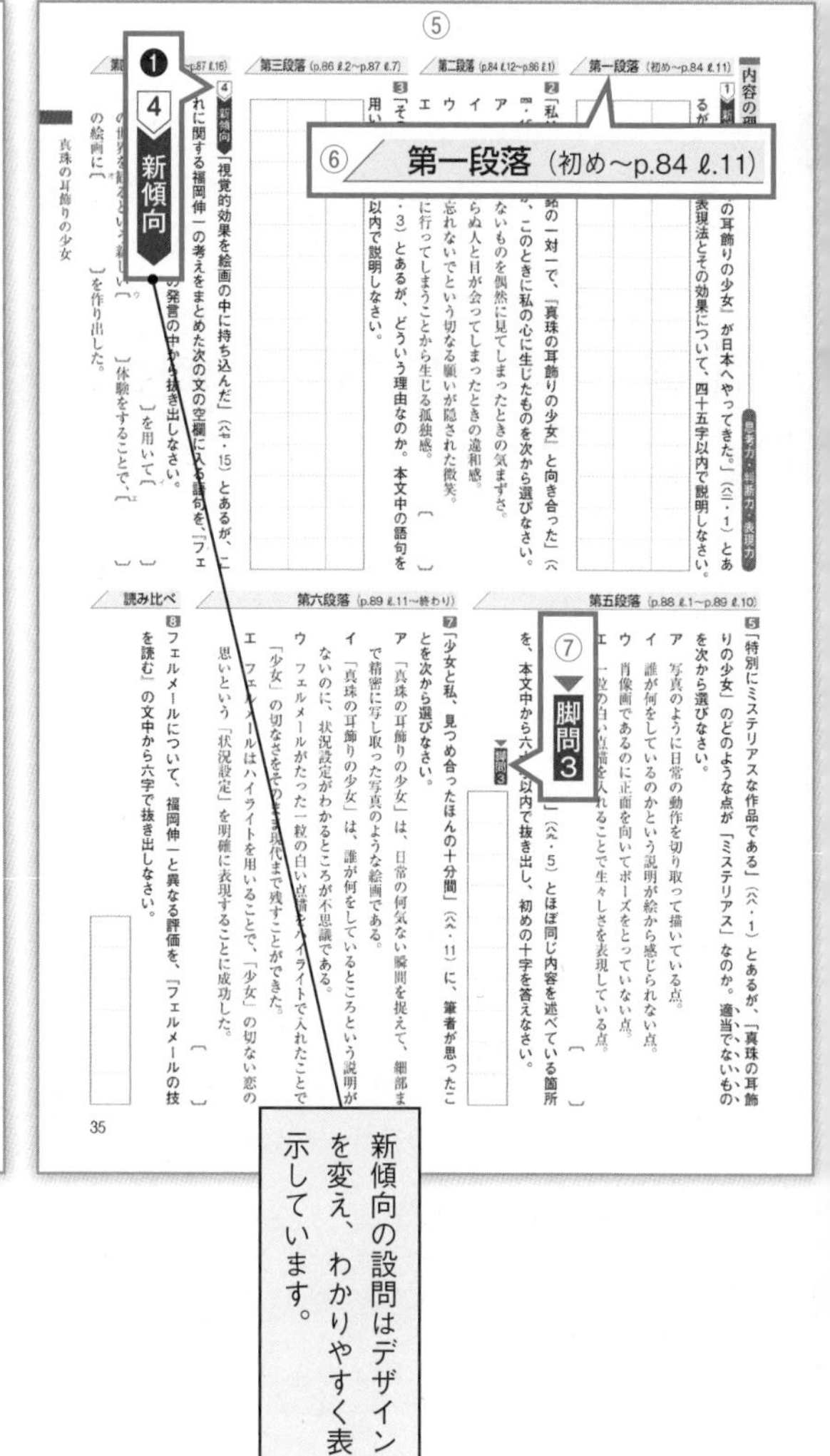

目次

第Ⅰ部

第Ⅱ部

付録

プラスウェブ
下にある二次元コードから、ウェブコンテンツの一覧画面に進むことができます。

https://dg-w.jp/b/0cb0001

学習目標　人が虎になるという怪異を通して描かれた作品の主題を考える。

山月記（中島敦）

教科書 p.10～p.22

検印

漢字

知識・技能

1 太字の仮名を漢字に直しなさい。

①官を**しりぞ**〔　〕く。（p.10 ℓ.3）
②**しょうそう**〔　〕にかられる。（p.10 ℓ.6）
③**ひんきゅう**〔　〕に堪えない。（p.10 ℓ.8）
④東へ**おもむ**〔　〕く。（p.10 ℓ.9）
⑤山野を**そうさく**〔　〕する。（p.11 ℓ.7）
⑥**しょうとつ**〔　〕しない。（p.12 ℓ.6）
⑦声が**も**〔　〕れる。（p.12 ℓ.8）
⑧自分を**まね**〔　〕く。（p.13 ℓ.9）
⑨**むがむちゅう**〔　〕。（p.13 ℓ.9）
⑩谷川に**のぞ**〔　〕む。（p.13 ℓ.13）
⑪語るに**しの**〔　〕びない。（p.14 ℓ.8）
⑫作の**こうせつ**〔　〕。（p.16 ℓ.1）
⑬**ひぼん**〔　〕な才能。（p.16 ℓ.5）
⑭事の**きい**〔　〕を忘れる。（p.17 ℓ.11）
⑮進んで師に**つ**〔　〕く。（p.18 ℓ.4）
⑯才能不足を**ばくろ**〔　〕する。（p.18 ℓ.16）
⑰才能を**せんいつ**〔　〕に磨く。（p.19 ℓ.2）

2 太字の漢字の読みを記しなさい。

①**潔**〔　〕しとしない。（p.10 ℓ.2）
②肉落ち**骨秀**〔　〕でる。（p.10 ℓ.7）
③あわや**躍**〔　〕りかかる。（p.12 ℓ.1）
④身を**翻**〔　〕す。（p.12 ℓ.1）
⑤**図**〔　〕らずも故人に会う。（p.12 ℓ.14）
⑥旧友の**消息**〔　〕。（p.13 ℓ.3）
⑦**隔**〔　〕てのない語調。（p.13 ℓ.4）
⑧残酷な**所行**〔　〕を続ける。（p.14 ℓ.7）
⑨人語を**操**〔　〕る。（p.14 ℓ.9）
⑩宮殿の**礎**〔　〕。（p.14 ℓ.16）
⑪筆を**執**〔　〕る。（p.16 ℓ.4）
⑫意趣の**卓逸**〔　〕な作品。（p.16 ℓ.5）
⑬詩人の**薄幸**〔　〕を嘆じた。（p.17 ℓ.11）
⑭**空谷**〔　〕に向かって吼える。（p.19 ℓ.8）
⑮道途に**飢凍**〔　〕する。（p.20 ℓ.6）
⑯**懇**〔　〕ろに別れを述べる。（p.21 ℓ.4）
⑰**悲泣**〔　〕の声。（p.21 ℓ.5）

語句

知識・技能

1 次の太字の語句の意味を調べなさい。

①**歯牙にもかけない**。（p.10 ℓ.11）
〔　〕
②**久闊を叙す**。（p.12 ℓ.10）
〔　〕
③郷党の**鬼才**。（p.18 ℓ.2）
〔　〕
④**刻苦をいとう**怠惰。（p.19 ℓ.1）
〔　〕
⑤**懇ろに**別れの言葉を述べる。（p.21 ℓ.4）
〔　〕

2 次の空欄に適語を入れなさい。

①切磋〔　〕に努める。（p.18 ℓ.5）
②俗物の間に〔　〕する。（p.18 ℓ.6）

3 次の語句を使って短文を作りなさい。

①たちまち（p.12 ℓ.1）
〔　〕

展開の把握

1 次の空欄に本文中の語句を入れて、内容を整理しなさい。　▼学習一

第一段落（初め～ p.11 ℓ.8）	第二段落（p.11 ℓ.9～ p.13 ℓ.6）	第三段落（p.13 ℓ.7～ p.21 ℓ.3）				第四段落（p.21 ℓ.4～終わり）
李徴の紹介	旧友との再会	李徴の語り				別離
		虎への変身	李徴の詩	虎になった理由	妻子のことを依頼	
〔ア　　〕の李徴は〔イ　　〕に登第したものの、詩家を志した。しかし文名は揚がらず再び地方〔ウ　　〕となるが、ある夜発狂して行方がわからなくなった。	監察御史の袁傪が商於の地を通ったとき〔エ　　〕に襲われかけたが、それはかつての友の李徴の変わり果てた姿であった。	李徴は、虎になった不思議な体験を語り始め、〔オ　　〕が還ってくる時間がしだいに短くなっていく恐怖を告白する。	詩人としての自分に執着する李徴は、自作の詩の伝録を頼み、さらに今の思いを〔カ　　〕の詩に述べた。	虎になった理由として臆病な〔キ　　〕と〔ク　　〕な羞恥心とを併せ持つ自身の性情をあげた。	妻子の今後を依頼したときに、李徴は妻子のことよりも己の〔ケ　　〕のことを気にしていた自身の過ちに気づき自嘲する。	別れを告げた袁傪一行に虎の姿を見せて〔コ　　〕に咆哮した李徴はその後姿を見せなかった。

2 次の空欄に本文中の語句を入れて、場面設定と登場人物の設定をまとめなさい。　思考力・判断力・表現力

場面設定

場所　唐代の中国
袁傪が〔ア　　〕に使いする道中

時間　いまだ〔イ　　〕朝

登場人物の設定

李徴　博学才穎(さいえい)だが、詩作は思うようにいかず、地方官吏となる
〔ウ　　〕に変身

袁傪　李徴の学生時代の友人
〔エ　　〕な性格

主題

●次の空欄に本文中の語句を入れて、全体の主題を整理しなさい。　思考力・判断力・表現力

官吏を辞して〔ア　　〕としての名を遺(のこ)そうと志した李徴の〔イ　　〕は揚がらず、〔ウ　　〕を屈して再び地方官吏となったが、かつての同輩の〔エ　　〕を拝することに耐えられず、ある夜〔オ　　〕して姿を消した。翌年旧友の袁傪に出会った李徴は、「〔カ　　〕な自尊心、尊大な〔キ　　〕」や、妻子よりも己の詩業に執着する自分の中に虎になった原因が隠されていたことにようやく気づいたという悲劇を告白する。

内容の理解

思考力・判断力・表現力

第一段落（初め〜p.11 ℓ.8）

1 次の空欄に本文中の語句を入れて、李徴の人物像をまとめなさい。

能力…〔ア　　〕・若くして名を〔イ　　〕に連ねた・儁才

性格…〔ウ　　〕の性・自らを〔エ　　〕ところが非常に強い・狂悖

2 李徴が「官を退いた」（一〇・3）理由をわかりやすく説明しなさい。

〔　　〕

3 李徴が「節を屈して」（一〇・9）再び地方官吏の職に就いた理由を二つ、本文中からそれぞれ十五字以内で抜き出しなさい。

第二段落（p.11 ℓ.9〜p.13 ℓ.6）

4 「危ないところだった。」（一一・2）とは具体的にどういうことか。説明しなさい。

〔　　〕

5 「ややあって」（一一・8）とあるが、このときの李徴の心理として適当なものを次から選びなさい。

ア　正体を知られたことを恥じる心と、旧友と話をしたい気持ちが入り交じった心理。

イ　かつては自尊心が強かった自分なのに、思わず涙を流してしまったことを恥ずかしく思う心理。

ウ　虎であることを忘れて、久しぶりに自分の過去を知る人と出会ったことをうれしく思う心理。

エ　異類の身となって旧友に襲いかかったことを、ただただ深く恥じて反省する心理。　〔　　〕

6 「この超自然の怪異」（一三・1）とはどういうことか。簡潔に説明しなさい。

〔　　〕

第三段落（p.13 ℓ.7〜p.21 ℓ.3）

7 「声に応じて」（一三・8）とあるが、このときの「声」とは何だったのか。次から選びなさい。

ア　運命の呼ぶ声　　イ　内なる良心の声　　ウ　袁傪の声　〔　　〕

8 李徴の運命観が語られている一文を本文中から抜き出し、初めと終わりの五字で示しなさい。（句読点を含む）

〔　　〕〜〔　　〕

9 李徴が「これは恐ろしいことだ。」（一四・14）と言う理由を、次から選びなさい。　▼脚問3

ア　生き物のさだめに従って、自分より弱いものを殺して生きていかなければならないから。

イ　自分の中に残っている人間性が日に日に失われて、人間の世界を喪失してしまうから。

ウ　人間としての心で、自分の残虐な行いの跡を見て、自分の運命について考えてしまうから。

エ　虎となって現在に至るまで、自分でも信じられないほどの殺生を繰り返してきたから。　〔　　〕

10 「そのほうが、おれはしあわせになれるだろう。」（一五・6）で「しあわせ」と傍点が付されている理由を、次から二つ選びなさい。　▼脚問4

第三段落（p.13 ℓ.7〜p.21 ℓ.3）

ア　袁傪だけの「しあわせ」にすぎないことを強調するため。
イ　獣としての「しあわせ」にすぎないことを強調するため。
ウ　本当の「しあわせ」をつかむことは困難なことを示すため。
エ　誰もが望む絶対的な「しあわせ」ではないことを示すため。
オ　人は「しあわせ」を求めて生きていることを示唆するため。

〔　　〕〔　　〕

11 新傾向 **第三段落における李徴の一人称の使い分けについて次のように整理した。空欄①〜④に入る語句を、それぞれあとから選びなさい。**

自分…〔①　〕で、自分の〔②　〕とき
おれ…〔③　〕で、自分の〔④　〕とき

ア　感情的　　イ　苦しみを吐露する
ウ　冷静　　エ　内面を客観的に語る

①〔　　〕②〔　　〕
③〔　　〕④〔　　〕

12 **「業いまだ成らざる」（五・13）の「業」とはどういうことか。解答欄の形式に合うように、本文中から十字以内で抜き出しなさい。**

〔　　　　　　　　　　〕こと。

13 **「旧詩を吐き終わった李徴の声は、突然調子を変え」（六・10）とあるが、「突然調子を変え」たのはなぜか。その理由を、次から選びなさい。**

ア　後代に自分の詩を残す算段がつき、死ぬ覚悟ができたため。
イ　自分の詩が世の風流人たちに認められるか不安に思ったため。
ウ　自分の詩が、今、書き留められたことに満足したため。
エ　虎になっても己の詩に執着していることを恥じたため。〔　　〕

14 **李徴が詠んだ即席の詩から読み取れる李徴の心情はどのようなものか。次から選びなさい。**

ア　虎である自分の力を見せつけたいと願っている。
イ　虎になってしまった自身の境遇を哀れに思っている。
ウ　人間に戻って家族と再会したいと願っている。

第三段落（p.13 ℓ.7〜p.21 ℓ.3）

エ　出世した袁傪のことを妬み、羨んでいる。〔　　〕

15 **李徴を虎に変えた性情を、本文中から二つ、それぞれ六字で抜き出しなさい。**

〔　　　　　　〕
〔　　　　　　〕

16 **「珠」（六・7）、「瓦」（六・8）は、それぞれどういう人をたとえたものか。簡潔に説明しなさい。**

珠〔　　　　　　〕
瓦〔　　　　　　〕

17 **李徴は自分が虎になった理由をどのように判断しているか。二〇ページから四十五字以内で抜き出し、初めと終わりの五字で答えなさい。（句点は含めない）**

〔　　　　　〕〜〔　　　　　〕

第四段落（p.21 ℓ.4〜終わり）

18 新傾向 **「白く光を失った月」（三・9）について生徒たちが話し合っている。空欄にあてはまる語を、それぞれあとから選びなさい。** ▼学習二

生徒A：「白く光を失った月」って、どことなく悲しそうだよね。
生徒B：うん、状況的には〔①　〕であるはずだから、たしかにだんだんと光が消えていくタイミングだよね。
生徒C：李徴が人間の心を持っていられる時間もだんだんと〔②　〕なっているんだよね。
生徒A：そうか、ここにこういう表現があることで、もう〔③　〕がないであろう〔④　〕な李徴の悲しみを示す効果があると言えそうだね。

ア　曇り空　　イ　長く　　ウ　虎になること　　エ　孤独
オ　夜明け前　　カ　短く　　キ　人間に戻ること　　ク　醜悪

①〔　　〕②〔　　〕③〔　　〕④〔　　〕

学習目標　『山月記』と「人虎伝」を読み比べて、主人公の内面の相違から『山月記』の特徴を考える。

活動　『山月記』と「人虎伝」との読み比べ

教科書 p.10～p.22

検印

○『山月記』は、唐代の伝奇小説である「人虎伝」をもとにして書かれた。「人虎伝」の口語訳（抜粋）を読み比べて、あとの問いに答えなさい。

▼活動一

「人虎伝」（『唐人説薈』）　李景亮

隴西出身の李徴は皇族の子孫で、虢略に住んでいた。李徴は若いころから学問を広くおさめ、漢詩や文章を見事に作った。二十歳の時、科挙の地方試験に通って、時の人びとから名士と呼ばれた。天宝十五年の春、尚書右丞の楊元が主管した科挙の本試験で進士に及第した。数年の後、召し出され江南地方のとある県の尉官に任命されたが、李徴は人と親しまない身勝手な性格で、自分の才能を自慢して偉そうにしていた。だから自分が下級の役人でいることに我慢がならず、いつも不満そうでおもしろくなかった。同僚との集まりがあるたびに、酒に酔ってくると、周りの役人たちを眺めながら、「おれがおまえらなんかと同じ仲間でいられるか。」と言う。同僚たちはみな嫌そうに彼を見た。

　県尉の任期を終えると、官界から身を引き、故郷に帰って静かな暮らしに入り、ほぼ一年あまりもの間、人との交わりを絶った。その後、衣食を手に入れる必要に迫られ、東方の呉楚地方に出かけ、各地方の長官を訪ねては援助を求めた。呉楚の人たちは李徴の名声をずっと前から聞いていたので、彼が行くと、みな宿泊の用意をして待っていてくれた。李徴が存分に遊んで立ち去ろうとすると、長官たちは丁重な餞別を贈り、彼の財布を一杯にした。李徴は呉楚地方に滞在して一年あまりがたとうとしていたが、その間に受けた餞別は大変なものだった。そこで李徴は西方の虢略に帰ろうとしたが、まだ家に着かないとき、汝水のほとりの宿屋に泊まっていて突然に病にかかって気が狂った。李徴はお供の男をむちでたたき、お供の男は苦しみに堪えられなかった。十日あまりたつと、病気はいっそうひどくなり、やがて夜中に狂って駆け出し、行方がわからなくなった。李徴の家の召し使いたちが捜索してみたが、一月探しても李徴は結局戻ってこなかった。そこでお供の男も李徴の馬を連れ、餞別の入った財布も持って遠くへ逃げてしまった。

　翌年になって、陳郡出身の袁傪が、監察御史として皇帝の命を受け、嶺南地方へ使者として旅だった。馬車に乗って商於という場所の境界までやってきたとき、早朝に宿を出発しようとすると、宿駅の役人が、「この先の道中には虎がいて、凶暴で人を食べます。だからここの道を進むものは、昼間でないと誰も通ろうとはしません。今はまだ時刻が早すぎます。少しの間出発を見合わせてください。決してお出かけになってはいけません。」と言う。袁傪は怒って、「わたしは天子の使者だ。騎馬のお供がたくさんついている。山や沼地に棲む獣ごときが、わたしを襲えるはずがない。」と言い、そのまま車の用意を指示して出発した。

　するとまだ一里も行かないうちに、案の定虎が草の中から飛び出てきた。袁傪はとても驚いた。ところが虎はすぐに草の中に身を隠し、人間の言葉で、「おかしなことだ。おれは自分の旧友を傷つけるところだった。」と言う。袁傪がその声に耳を傾けてみたところ、なんと李徴のようだった。その昔、袁傪は李徴と同じ年に進士に及第し、よく知った仲だったが、もう何年も会わずにいた。それが、李徴の声が突然聞こえてきたものだから、驚いたり、不思議に思ったりして、何が起こったかわからなくなった。そのまま、「あなたは、誰だ。もしやわが旧友、隴西の李君ではないか。」と問いかけた。すると虎は数回、すすり泣くようにほえた。やがて虎は袁傪に向かって、「わたしは、李徴だ。」と答えた。

（中略）

「かつて、人間だったころ、わたしは呉楚地方に旅に出ていた。去年のこと、ちょうど家に戻ろうとして、道中、汝墳の地に宿泊したとき、突然病気にかかって狂ってしまった。夜中に外でわたしの名を呼ぶ声が聞こえたので、そのままその声につられて外に出、山や谷の間を走りまわっているうちに、知らず知らずのうちに左右の手で地面をつかんで歩いていた。それからは、気持ちがますます残忍になり、力もますます強くなっていくのを感じた。肘やもものあたりを見れば、毛が生えていた。心中、とても不思議に思っていたが、やがて谷川の水に姿を映して見たところ、もう虎になっていた。わたしはしばらくの間、悲しんで声をあげて泣いた。けれどもまだ生き物をつかまえて食べるようなことはできなかった。だが時がたつと腹が減って我慢できなくなり、そのまま山中の鹿・いのしし・のろ・うさぎなどをとって食べるようになった。さらに時がたつと獣たちがみなわたしを遠く避けるようになり、食べ物を手に入れられなくなり、飢えがいっそうひどくなった。

そうしたある日のこと、婦人がやって来て、山のふもとを通りかかった。そのときわたしはちょうど空腹に耐えられず、あたりを何度か歩き回ったすえ、自分を抑えきれず、そのまま婦人を捕まえて食べてしまった。格別にうまいと思った。その人のかんざしが今も大きな岩のもとにある。それからというもの、冠をつけて車に乗って行く者、歩いて行く者、荷物を背負って走って行く者、羽をつけて空を飛ぶ者、柔らかい毛を生やして山中を走っていく者などが見えると、力の限りみなをつかまえて行く手を阻み、すぐさま食い尽くしてしまうのを、日常の暮らしとしている。妻子のことを考えたり、友人のことを思ったりしないわけではない。だが天地の神に背くことをしてしまったため、こうしてひとたび獣になってしまったことを思うと、人に顔を合わせるのが恥ずかしい。だから獣の分際でもう人には会えないのだ。ああ、思えばわたしと君とは同じ年に進士に及第し、親しい交わりをもともと結んでいた。今や君は朝廷の法令を執り行う官に就き、親友であるわたしの前に輝いている。一方、わたしは草木の茂みに身を隠さねばならず、永久に人間の世界から離れてしまった。躍り上がって天に叫び、地に伏せって涙してみても、そこなわれて獣になってしまった身にはどうしようもない。これが結局運命というものだろうか。」

（中略）

虎は言った。「君が承知してくれなければ、わたしも言おうと思わなかったが、君が了解してくれたからには、全部話そう。わたしは最初旅の宿で、病気のために気が狂い、やがて人気のない山の中に入った。そしてお供の者はわたしの馬を盗み、着物財布などをみな持って逃げてしまった。わたしの妻や子はまだ虢略にいるだろうが、わたしが獣に変わったなどとは知らないはずだ。そこで、君が南方から帰ってきたら、ひとつわたしのために、手紙を送ってわが妻子を訪ねてほしい。ただわたしのことは、もう死んだとだけ伝えてほしい。今日のことは言わないでもらいたい。そのことは覚えておいてくれ。」

そして虎は言った。「わたしは人間の世界で、何の財産も残さなかった。わたしにはまだ幼い子がいる。この子が自分で生計を立てるのはもちろん無理だ。君はいま朝廷の大官に連なっているし、正義を普段から守っている。旧友の仲を大切にすることで、君の右に出られる者はいない。そこで父親のないこの幼子のことを気にかけてくれるよう、ぜひとも君にお願いしたい。しかるべき時に恵んでやって、道路で飢え死にさせないようにしてくれれば、それもやはり大きな恩徳だ。」

（中略）

虎は言った。「わたしには以前作った詩文が数十編あるが、まだ世間で読まれてはいない。世に残した原稿もあるけれども、みな散逸したことだろう。わたしのために記録してくれれば、文人の間で取り沙汰されるほどの代物では全くないが、それでも子孫に伝わればよいのだ。」

袁傪はすぐにお供の者を呼んで筆記するよう命じ、虎の李徴が述べるままに書き取らせた。それは二十編近くあり、表現は大変に格調が高かったし、内容もとても深遠であった。袁傪はそれを読んで、あまりのすばらしさに何度もため息をもらした。虎は言った。「これがわたしの生涯の仕事だ。これをそのままにして伝えないでいられようか。」

やがてまた言った。「わたしは詩を一編作ろうと思う。わたしは外形は人と異なっているけれど、内面は人と変わらないことを示そうと思うし、また詩を作ることでわたしの思いを述べ、わたしの辛く耐えがたい感情を表そうと思うからだ。」

袁傪はまた部下の役人に命じて筆記させた。

（中略）

袁傪は驚いて言った。「君の才能と実力はわかった。しかし君はこんなことになってしまうとは、君は日ごろ自分自身残念でたまらないだろう。」

虎は答えて言った。「陰陽の二気が万物を生み出すとき、えこひいきはもともとないだろう。その後、それぞれが出会う時代や運命などは、わたしにはわからない。ああ、かつて孔子(こうし)は、顔回(がんかい)が不幸にも短命で死に、冉(ぜん)有(ゆう)が病気になったことを深く嘆かれていた。わたしの場合、なぜこんな残念なことになったのか、その原因を振り返って考えてみるならば、やはり思い当たることがある。きっとこれにちがいない。旧友の君に出会ったのだ、何も隠すことはない。わたしはいつもこのことを覚えている。以前、南陽の町の郊外で、ある寡婦とこっそり親しくなったことがあった。ところがその家人がひそかにこのことを知って、わたしをいつも邪魔しようとしていた。だからわたしはもうその寡婦とは会うことができなくなった。それでわたしはある風の強い日にその家に火を放ち、一家数人をみな焼き殺して逃げ去った。今はこのことが悔やまれてならない。」

虎はまた言葉を続けて言った。「君が使者の任務を終えて都に帰るときには、どうかほかの郡の道を取ってもらいたい。二度とこの道を通ってはいけないぞ。わたしは今は意識がはっきりとしているが、いつか心が完全に麻痺(まひ)してしまえば、君がここを通ったとき、わたしはもはや君のこともわからなくなって、君を牙(きば)で噛(か)み砕いてしまうだろう。そしてわたしは、世の教養人の間で笑い者にされてしまう。（そんなことを避けるために、どうかここを通らないでくれたまえ。）これが君に対する、わたしの切実な願いだ。君がここから百歩ほど進んで行き、小さな山の上に上ると、そこからは下がよく見える。君がそこに立ったときに、わたしは君にわが姿を見せよう。勇姿を誇ろうとしてではない。君にわが姿を見せ、もう二度とここを通らせないようにするためだ。そうすれば、旧友の君に対してわたしが薄情ではないことがわかるだろう。」

そして言った。「君が都に戻ってわたしの友人や妻子に会っても、今日のことは決して言わないでくれ。さて、使者の旗を立てた君の行列をわたしは長い間止め、天子の命令を受けた君の旅程を遅らせてしまうのが気がかりだ。これでもう君とお別れしよう。」

（中略）

都に帰った袁傪は、使いの者に手紙と香典とを持って李徴の家に行かせ、子供に李徴の死を知らせた。それから一月あまり、李徴の子供が虢略から上京し、袁傪のところに亡父のひつぎの所在を尋ねにきた。それで袁傪はしかたなく、旅中での出来事を詳しく聞かせ、そして自分の俸給の半分を李徴の妻子に与え、彼らが飢えたり凍えたりしないようにした。袁傪は後に兵部侍郎(へいぶじろう)の官にまで昇進したのだった。

内容の理解

1 『山月記』と「人虎伝」を三つの観点から比較した。次の表の空欄に入る語句を「人虎伝」の口語訳から抜き出しなさい。　思考力・判断力・表現力

	『山月記』	「人虎伝」
李徴の人物像・経歴	・博学才穎。性、狷介。 ・江南尉に補せられたが、下吏として勤めるよりも、詩家としての名を残そうと退官して、詩作にふけった。 ・妻子の衣食のためと己の詩業に半ば絶望して、地方官吏の職を奉ずる。 ・かつての同輩の下命を拝すことで自尊心が傷つく。	・〔ア　　〕の子孫。 ・〔イ　　〕と呼ばれた。 ・江南地方の県の尉官の〔ウ　　〕が満ちて退官、その後は静かに暮らした。 ・衣食の必要に迫られ、〔エ　　〕地方を巡る。そこでは李徴の〔オ　　〕が知られていて、厚遇され、〔カ　　〕で財布を一杯にした。
虎になった原因	・詩への執着。 ・臆病な自尊心と尊大な羞恥心。 ・妻子よりも己の詩を優先した「人間」性の欠如。	・〔キ　　〕の神に背く。 ・こっそり親しくなった寡婦と会えなくされたことで、その家人を皆焼き殺した。
袁傪への依頼と順序	・後代に詩を伝録してほしい。 ↓ ・妻子の今後の生活。	・妻子の今後の生活。 ↓ ・〔ク　　〕に詩を伝えたい。

2 **1**でまとめた相違点について気づいたことや感想を発表した。二人の生徒の発表を読んで、あとの問いに答えなさい。

生徒A：私が注目したのは虎になった理由です。『山月記』では「臆病な自尊心と尊大な羞恥心」という李徴の〔①　〕や妻子よりも自己の詩業を〔②　〕した〔③　〕の欠如を理由としており、自己の内面を分析して原因を求める点で、近代小説らしい特徴があると思います。一方、「人虎伝」では知り合った「寡婦」の一家を皆焼き殺すという非道な行いをし、〔④　〕の欠如から〔⑤　〕を起こしたことが理由とされていると思います。非道な行いに対する報い、つまり〔⑥　〕応報の説話として成り立っていると思いました。

生徒B：私は作品の構造で、袁傪への依頼の順序が『山月記』では詩の伝録が先で妻子の生活の援助が後になっている点に注目しました。自分の詩業を優先した李徴の悔恨を描いたところから〔⑦　〕という作者の意図が感じられました。

(1) 空欄①～⑥に入る語を、それぞれあとから選びなさい。

ア 優先　イ 欠如　ウ 犯罪　エ 正義　オ 性情
カ 倫理感　キ 人間性　ク 因果　ケ 運命

①〔　　〕　②〔　　〕　③〔　　〕
④〔　　〕　⑤〔　　〕　⑥〔　　〕

(2) 空欄⑦にあてはまる最も適当なものを次から選びなさい。

ア 李徴が、若いころから学問だけでなく、漢詩や文章にたけていて、詩人としての名声を確立していたことを証明する
イ 妻子に財産を残せないまま虎になってしまったことを悔いることで、李徴が家族愛の強い人物だったことを印象付ける
ウ 妻子よりも己の詩業を気にかけるという人間性の欠如こそが、虎になる原因だったと後悔する李徴の悲痛な心情を表す
エ 虎に姿を変えていても、旧友の願いなら何でもかなえてやるという、袁傪の友情の厚さを称える

〔　　〕

学習目標　「私」の心がどのように動いたかを、「檸檬」を中心に捉える。

檸檬（梶井基次郎）

教科書 p.24～p.33

検印

漢字　知識・技能

1 太字の仮名を漢字に直しなさい。

p.24 ℓ.1 ①**しょうそう**〔　〕や嫌悪感。
p.24 ℓ.2 ②宿酔に**そうとう**〔　〕した時期。
p.24 ℓ.6 ③**しんぼう**〔　〕ができない。
p.25 ℓ.17 ④これ以上ない**きょうらく**〔　〕。
p.26 ℓ.10 ⑤**てんが**〔　〕なロココ趣味。
p.27 ℓ.1 ⑥**だがし**〔　〕屋の店先。
p.27 ℓ.5 ⑦**こうばい**〔　〕が急な台。
p.28 ℓ.12 ⑧**はだか**〔　〕の電灯。
p.29 ℓ.2 ⑨**たけ**〔　〕の高い草。
p.29 ℓ.12 ⑩匂いを**か**〔　〕ぐ。
p.30 ℓ.3 ⑪軽やかな**こうふん**〔　〕。
p.30 ℓ.9 ⑫重量に**かんさん**〔　〕する。
p.30 ℓ.16 ⑬書店の**たな**〔　〕の書籍。
p.31 ℓ.1 ⑭画集を**こくめい**〔　〕にはぐる。
p.31 ℓ.9 ⑮余りに**じんじょう**〔　〕な周囲。
p.31 ℓ.13 ⑯**あわ**〔　〕ただしく築く。
p.32 ℓ.9 ⑰**ばくだん**〔　〕を仕掛ける。

2 太字の漢字の読みを記しなさい。

p.24 ℓ.1 ①不吉な**塊**〔　〕。
p.24 ℓ.11 ②**洗濯物**〔　〕を干す。
p.25 ℓ.1 ③**土塀**〔　〕が崩れる。
p.25 ℓ.7 ④清浄な**布団**〔　〕。
p.25 ℓ.8 ⑤**浴衣**〔　〕を着る。
p.26 ℓ.11 ⑥洒落た**香水瓶**〔　〕。
p.26 ℓ.14 ⑦**勘定台**〔　〕で精算する。
p.27 ℓ.2 ⑧干物を売る**乾物屋**〔　〕。
p.27 ℓ.6 ⑨**漆塗**〔　〕りの板。
p.28 ℓ.1 ⑩水に**漬**〔　〕ける。
p.29 ℓ.5 ⑪**憂鬱**〔　〕な心。
p.29 ℓ.6 ⑫気持ちが**紛**〔　〕らされる。
p.30 ℓ.3 ⑬軽やかに**弾**〔　〕む。
p.31 ℓ.5 ⑭**堪**〔　〕え難さ。
p.31 ℓ.14 ⑮**潰**〔　〕したり築いたりする。
p.32 ℓ.1 ⑯色彩の**階調**〔　〕。
p.32 ℓ.12 ⑰街を**彩**〔　〕る。

語句　知識・技能

1 次の太字の語句の意味を調べなさい。

p.25 ℓ.15 ①そんなものが変に私の**心をそそった**。
〔　〕
p.28 ℓ.11 ②驟（しゅう）雨のように浴びせかける**絢爛**（けんらん）。
〔　〕
p.30 ℓ.4 ③美的装束をして街を**闊歩**（かっぽ）した。
〔　〕
p.32 ℓ.12 ④活動写真の看板画が**奇体な趣**で街を彩っている。
〔　〕

2 次の空欄にあとから適語を選んで入れなさい。

p.28 ℓ.9 ①帽子の庇を〔　〕下げているぞ。
p.29 ℓ.15 ②〔　〕胸一杯に呼吸したことない。

（ やけに　ついぞ ）

3 次の語句を使って短文を作りなさい。

p.27 ℓ.12 ①凝り固まる
〔　〕
p.31 ℓ.9 ②そぐわない
〔　〕

展開の把握

1 次の空欄に本文中の語句を入れて、内容を整理しなさい。

段落	小見出し	内容
第一段落（初め～p.24 ℓ.8）	〔　ア　〕な塊	えたいの知れない（　ア　）な塊が私の心を圧（おさ）えつけていたため、どんな美しい音楽も詩の一節も（　イ　）ならなくなった。何かが私をいたたまらずさせ、私は街から街を（　ウ　）し続けていた。
第二段落（p.24 ℓ.9～p.26 ℓ.14）	その頃の「私」と以前の「私」	その頃私はみすぼらしくて（　エ　）ものにひきつけられた。たとえば壊（くず）れかかった街やその裏通りで、あえて錯覚を起こすことで現実の自分を（　オ　）のを楽しんだ。また花火やびいどろ、南京玉に心をそそられたり、（　カ　）の甘い記憶を回想したりした。
第三段落（p.26 ℓ.15～p.28 ℓ.14）	寺町通りの果物屋	友達の下宿を転々としていた私は、ある日何かに（　キ　）られるように街にさまよい出て、果物屋（　ク　）の美しさを持つ店で足を止めた。店は、夜は（　ケ　）が浴びせかける絢爛（けんらん）が美しい。
第四段落（p.28 ℓ.15～p.30 ℓ.10）	檸檬との遭遇	その店で檸檬を一顆（いっか）買うと、しつこかった（　コ　）が紛れて幸福を感じた。心の（　サ　）さを意識し、軽やかな興奮に弾んで、善と美を凝縮した檸檬の（　シ　）を確かめつつ街を歩き続けた。
第五段落（p.30 ℓ.11～p.31 ℓ.10）	丸善へ入る	檸檬にもらった幸福感から、私は平常（　ス　）丸善の店内に入ったが、（　セ　）は逃げ、憂鬱が立てこめてくる。棚から画本を抜き出しては置き、積み重ねた本の群れを憂鬱な気分で眺めた。
第六段落（p.31 ℓ.11～終わり）	丸善を爆破	私は本を次々に積み上げ、その奇怪な（　ソ　）な城壁の頂に檸檬を据えた。すると、その周囲だけ空気が（　タ　）した。そして、そこをそのままにして外へ出た。変に（　チ　）気持ちがし、檸檬が爆発する（　ツ　）を楽しみつつ京極を下がっていった。

2 次の空欄に本文中の語句を入れて、場面設定と主人公の人物設定をまとめなさい。 思考力・判断力・表現力

場面設定

場所　（　ア　）

時間　ある朝

（　イ　）＝「私」の最も好きな店

（　ウ　）を買う

↓

（　エ　）の中に入る

主人公の人物設定

健康状態　肺尖カタルや（　オ　）

経済状態　（　カ　）がない↔贅沢が必要

住まい　（　キ　）を転々として暮らす

主題

●次の空欄に本文中の語句を入れて、全体の主題を整理しなさい。 思考力・判断力・表現力

私の心を（　ア　）不吉な塊が圧えつけていたが、（　イ　）て美しいものを通じ自分を慰め、あえて（　ウ　）することで現実の自分を見失うのを楽しむ。また、何かに追われるように街をさまよい、果物屋で一顆檸檬を買うと、憂鬱が紛らされ、（　エ　）な感情に浸る。次に丸善に入ると幸福感は逃げ、再び憂鬱になるが、本を積み重ね、檸檬をその上に据えると興奮がよみがえり、そのまま店外に出て、檸檬の爆弾が破裂する（　オ　）を楽しむ。

内容の理解

思考力・判断力・表現力

第一段落（初め～p.24 ℓ.8）

1 「えたいの知れない不吉な塊」（二四・1）とあるが、これはどのような感情のことか。本文中の語句を用いて十五字以内で答えなさい。

2 第一段落において「私」が置かれている状況を説明したものとして、適当でないものを次から選びなさい。

ア　肺尖カタルその他の病で身体的に苦しい状態にある。
イ　経済的にかなり圧迫されて日々の生活に苦しんでいる。
ウ　詩を書こうとするが一節たりとも進まなくなった。
エ　レコードを聴いていても全く感動できなくなった。

〔　　〕

3 「始終私は街から街を浮浪し続けていた。」（二四・8）とあるが、それはなぜか。本文中の語句を用いて三十字以内で説明しなさい。

第二段落（p.24 ℓ.9～p.26 ℓ.14）

4 「みすぼらしくて美しいもの」（二四・9）として適当でないものを次から選びなさい。 ▼学習一

ア　「私」をびっくりさせるように咲いている向日葵やカンナの花。
イ　よそよそしいがどこか親しみを感じさせる趣のある裏通り。
ウ　安っぽい絵の具で塗られ、さまざまな縞模様を持つ花火の束。
エ　土塀が崩れていたり家並みが傾きかかっていたりする裏通り。

〔　　〕

5 「時々私はそんな路を歩きながら、……錯覚を起こそうと努める。」（二五・4～6）について、次の問いに答えなさい。

(1) なぜ錯覚を起こそうと努めるのか。その理由に当たる一文を本文中から抜き出し、初めと終わりの五字で答えなさい。

　　　　～　　　　

(2) この「錯覚」が「私」にもたらす感情とはどのようなものか。次から選びなさい。

ア　旅館の一室にこもって何も考えず一か月ほど過ごすことへの憧憬。
イ　未知の土地で街から街を浮浪して見聞を広めていこうとする意欲。
ウ　多様な想像の絵の具を塗りつけることで味わえる詩美の精神。
エ　錯覚するうちに現実の自分自身を見失うことに対する快楽。

〔　　〕

第二段落（p.24 ℓ.9～p.26 ℓ.14）

6 「それをなめてみるのが……享楽だった」（二五・17～二六・1）のはなぜか。その理由を、本文中の語句を用いて四十五字以内で説明しなさい。

7 「無気力な私の触覚にむしろ媚びてくるもの。」（二六・7）とはどのようなものか。次から選びなさい。

ア　現実逃避をする私になれなれしく近づくもの。
イ　私を強く刺激してやまない贅沢で美しいもの。
ウ　おちぶれている私の生活を蝕んでいくもの。
エ　生活に疲れて浮浪する私の心を魅了するもの。

〔　　〕

8 「ここももうその頃の私にとっては重くるしい場所にすぎなかった」（二六・13）のはなぜか。次から選びなさい。

ア　まるでお金がないので少々の贅沢さえかなわないことだから。
イ　お金がない私には鉛筆一本買うのがやっとのことだったから。

ウ　ここの商品よりみすぼらしくて美しいものにひかれているから。
エ　高価な品物を並べて客寄せをする店のやり方に反発を感じたから。
〔　　〕

9「何かが私を追い立てる。」（二六・17）とあるが、この「何か」とはどのようなものか。本文中から十五字以内で抜き出しなさい。

第三段落（p.26 ℓ.15〜p.28 ℓ.14）

10「果物屋固有の美しさが最も露骨に感ぜられた」（二七・4）理由として適当でないものを次から選びなさい。
ア　花火やびいどろなどに感じるような親しさが漂っているから。
イ　華やかな美しい快速調の音楽が流れる雰囲気がある店だから。
ウ　品物の色彩や質量が凝り固まった並べ方に果物屋らしさがあるから。
エ　古びた店内に新鮮な青果類がうず高く積まれているから。
〔　　〕

11「そこの家の美しいのは夜だった。」（二八・2）とあるが、この美しさの背景にあるのは何か。次から選びなさい。
ア　街路に流れ出ているおびただしい飾り窓の光。
イ　家とその周囲における明暗のコントラスト。
ウ　驟雨のように浴びせかける絢爛たる照明。
エ　帽子のような廂の上が真っ暗であること。
〔　　〕

第四段落（p.24 ℓ.15〜p.30 ℓ.10）

12「心というやつはなんという不可思議なやつだろう。」（二九・7）と思ったのはどのようなことがあったからか。四十五字以内で説明しなさい。

13「この重さ」（三〇・7）とはどのような重さか。本文中から三十字以内で抜き出し、初めと終わりの五字で答えなさい。
〜

第五段落（p.30 ℓ.11〜p.31 ℓ.10）

14「なんという呪われたことだ。」（三一・6）とあるが、どういう状態をさしてこのように言ったのか。本文中の語句を用いて四十五字以内で説明しなさい。

15「不意に第二のアイディアが起こった。」（三二・4）とあるが、では第一のアイディアとはどのようなものか。本文中の語句を用いて四十五字以内で説明しなさい。

第六段落（p.31 ℓ.11〜終わり）

16「私は変にくすぐったい気持ちがした」（三三・6）のはなぜか。次から選びなさい。▼脚問2
ア　気詰まりな丸善で自分の檸檬が大爆発するのを想像したから。
イ　奇怪な幻想的な画本の城が赤くなったり青くなったりしたから。
ウ　何食わぬ顔をして外に出て行く自分の姿をおもしろく感じたから。
エ　思いついた第二のアイディアを楽しみ、その成り行きを期待したから。
〔　　〕

学習目標　文語定型詩の構成やリズムに親しみ、情景にこめられた心情を理解する。

小諸なる古城のほとり（島崎藤村）

教科書p.36〜p.37　検印

漢字・語句　知識・技能

1 太字の仮名を漢字に直しなさい。

p.36 ℓ.1 ①**こじょう**〔　　〕を訪ねる。

p.37 ℓ.8 ②子供を**なぐさ**〔　　〕める。

2 太字の漢字の読みを記しなさい。

p.36 ℓ.6 ①**淡雪**〔　　〕が降る。

p.37 ℓ.4 ②**草笛**〔　　〕を吹く。

3 次の言葉の意味を調べなさい。

p.36 ℓ.10 ①はつかに〔　　〕

p.37 ℓ.5 ②いざよふ〔　　〕

要点の整理　思考力・判断力・表現力

○次の空欄に詩中の語句を入れて、大意を整理しなさい。

第一連	昼間の景	小諸城址（小諸城の城跡）に立つと、空に浮かぶ〔ア　　〕が漂泊の〔イ　　〕（旅人）の悲しみを誘う。
第二連	昼間の景	この山国では〔ウ　　〕はまだきざしばかり。たしかな春の姿がどこにもない寂しい景色を前に、孤独な流浪の身を悲しむ。
第三連	夕暮れ時から夜間	日が暮れ、〔エ　　〕山も見えず、悲しい草笛の音だけが聞こえる。千曲川の岸にほど近い宿で〔オ　　〕を汲み、漂泊の旅の憂愁を〔カ　　〕慰める。

内容の理解　思考力・判断力・表現力

1 この詩にあてはまるものを次の中から選び、記号で答えなさい。 ▼学習二

①ア　口語　イ　文語

②ア　五七調　イ　七五調

①〔　　〕　②〔　　〕

2「浅く」（三六・9）とは何が浅いのか、二つ答えなさい。

〔　　〕〔　　〕

3「旅人」（三七・1）と同じ意味で使われている語を、詩中から抜き出しなさい。

〔　　〕

4「暮れ行けば」（三七・3）の意味として適当なものを次から選びなさい。

ア　日が暮れるので。
イ　夕暮れの中を行くので。
ウ　日が暮れたならば。
エ　夕暮れの中を行くならば。

〔　　〕

5 この詩の主題の説明として適当なものを次から選びなさい。

ア　大自然に比しての人間のはかなさ。
イ　新しい詩歌の時代への感動。
ウ　孤独な漂泊の旅人の憂愁。
エ　素朴な信州の自然への賛歌。

〔　　〕

学習目標　想像によって膨らんだ気球のイメージが、作者の心情とどのように結びついているかを読み取る。

風船乗りの夢（萩原朔太郎）

教科書 p.38～p.39

検印

漢字・語句　知識・技能

1 太字の仮名を漢字に直しなさい。

p.38 ℓ.5 ①**きょむ**〔　　〕の中。

ℓ.10 ②**びれい**〔　　〕な幻覚。

2 太字の漢字の読みを記しなさい。

p.38 ℓ.3 ①**籠**〔　　〕にのせる。

ℓ.3 ②旧暦の**暦**〔　　〕。

3 次の語句の意味を調べなさい。

p.38 ℓ.4 ①子午線

〔　　〕

ℓ.5 ②ぼうぼうとした

〔　　〕

要点の整理　思考力・判断力・表現力

○次の空欄に詩中の語句を入れて、大意を整理しなさい。

> 夏草が茂る草叢から、籠に〔ア　　〕をのせて天上めがけて昇り、風に吹かれて経度を超えて地球のどこか遠くまで行きたいものだ。上空では下界の草地はもう見えなくて、何もない大空に〔イ　　〕だけが淋しげに流れていて、そこでは人間の〔ウ　　〕という短い時間も消滅しているようだ。いったいこの風船はどこを目当てに風に勢いよく流されていくのだろうか。愁飲んでいた〔エ　　〕もなくなり、酔って見る美しい〔オ　　〕ももう消えてしまった。いや雲の中の風に流されて、このまま知覚もおよばない〔カ　　〕にまで紛れ込んで行ってみようか。ガスでふくらんだ気球のように丸くふくらんだ〔キ　　〕の果てまで、友だちもなく、ふわりふわりと昇っていきたいものだ。

内容の理解　思考力・判断力・表現力

1「旧暦の暦をのせ」（三八・3）はどういうことを言おうとしているのか。次から選びなさい。▼学習二

ア　過去の出来事を懐かしむこと。
イ　現在へ流れる時間を肯定すること。
ウ　昔の世界に行くこと。
エ　未来へのあこがれをもつこと。

〔　　〕

2「ぼうぼうとした虚無の中」（三八・5）と同様の詩句を十字程度で抜き出しなさい。

3「どこをめあてに翔けるのだらう！」（三八・8）を説明した、次の文の空欄に入る詩句をそれぞれ二字で抜き出しなさい。

作者は〔ア　　〕の陸地から逃避して〔イ　　〕に向かって気球に乗ることを夢見ているが、〔ウ　　〕の中にあり、落ち着く居場所もないまま、孤独のまま寂しい〔エ　　〕の果てを飛んでいく。

4 この詩の内容として適当でないものを選びなさい。

ア　幻想化された虚無の世界。
イ　無限なものや永遠なものへの願望。
ウ　弱々しい自己否定。
エ　孤独な自己への無力感。

〔　　〕

学習目標　詩の中の自然の描かれ方に注目し、「いもうと」と「わたくし」それぞれの心情を想像しながら味わう。

永訣の朝（宮沢賢治）

教科書p.40〜p.44

検印

漢字・語句　知識・技能

1 太字の仮名を漢字に直しなさい。

p.41 ℓ.4 ①みぞれが**しず**〔　　〕んでくる。

p.41 ℓ.15 ②**ぎんが**〔　　〕や太陽。

2 太字の漢字の読みを記しなさい。

p.41 ℓ.15 ①**気圏**〔　　〕とよばれた世界。

p.42 ℓ.4 ②まっしろな**二相系**〔　　〕。

3 次の言葉の意味を調べなさい。

p.40 ①永訣〔　　〕

ℓ.5 ②陰惨な〔　　〕

要点の整理　思考力・判断力・表現力

○次の空欄に適語を入れて、大意を整理しなさい。

今日中に妹は〔ア　　〕としている。妹が「わたくし」に「あめゆき」を取ってきてくださいと頼んだ。「わたくし」は二つのかけた〔イ　　〕に「あめゆき」を取ろうとして表に飛び出した。「わたくし」は妹が、この地上世界でさまざまに悩んで苦しんでいる兄のこれからの一生を思い、兄の未来を〔ウ　　〕させるために頼んだのだと理解して、自分はまっすぐに正しく生きて行くから心配するなと心で誓う。「わたくし」はこの二椀の雪が、妹に幸せをもたらすと同時に、〔エ　　〕の食べ物に変わり、将来地上に戻ってきてから人々を〔オ　　〕にする食べ物となることを願って、妹に届けることにしよう。

内容の理解　思考力・判断力・表現力

1 「とほくへいつてしまふ」（四〇・2）とは、どうなることか。簡潔に説明しなさい。

〔　　〕

2 「まがつたてつぱうだま」（四〇・11）とは、どういうことを表しているのか。次から選びなさい。

ア　妹の死を思って混乱しながら、妹の最後の願いを早くかなえてやりたいと思っていること。

イ　悲しみのあまり妹の死という現実を見つめることができずに、逃げ出したいと思っていること。

ウ　妹の運命を冷静に受け止め、最後にできる限りのことをしてやろうと思っていること。

エ　妹の死を恐れるあまり、どこにかけ出していくのか自分でもわからないこと。

3 「くらいみぞれ」（四一・1）と対照的なものは何か。詩中から六字で抜き出しなさい。

〔　　〕

4 「わたくしもまつすぐにすすんでいく」（四一・11）とあるが、この決意は何を願う心情に変化したか。詩中から四十字程度の部分を抜き出し、初めの六字を答えなさい。

学習目標　本との再会を通して描かれる「私」の変化を読み取る。

旅する本（角田光代）

教科書 p.46～p.59

検印

漢字

1 太字の仮名を漢字に直しなさい。

①（p.46 ℓ.11）**ぜっぱん**〔　　〕の本を探す。
②（p.47 ℓ.13）**ざっか**〔　　〕が並ぶ店。
③（p.47 ℓ.13）服もケーキも**がまん**〔　　〕した。
④（p.49 ℓ.9）国内**しゅうゆう**〔　　〕の旅。
⑤（p.49 ℓ.15）**ひま**〔　　〕をもてあます。
⑥（p.51 ℓ.15）**きゅうくつ**〔　　〕な姿勢。
⑦（p.52 ℓ.14）**じょうだん**〔　　〕交じりの会話。
⑧（p.52 ℓ.15）**きおく**〔　　〕がよみがえる。
⑨（p.53 ℓ.1）こちらから**じさん**〔　　〕する。
⑩（p.53 ℓ.15）**むちゅう**〔　　〕で本を読む。
⑪（p.55 ℓ.5）クラシックを**えんそう**〔　　〕する。
⑫（p.55 ℓ.11）**せいじゃく**〔　　〕が広がる。
⑬（p.55 ℓ.15）ガスが**じゅうまん**〔　　〕する。
⑭（p.56 ℓ.5）**ぐうぜん**〔　　〕の出来事。
⑮（p.57 ℓ.5）**しんちょう**〔　　〕に選ぶ。
⑯（p.57 ℓ.6）無駄のない**かんけつ**〔　　〕な表現。
⑰（p.57 ℓ.8）教室の**かたすみ**〔　　〕。

2 太字の漢字の読みを記しなさい。　知識・技能

①（p.46 ℓ.8）**銭湯**〔　　〕に通う。
②（p.47 ℓ.1）母国語に**翻訳**〔　　〕する。
③（p.47 ℓ.4）じっと**見据**〔　　〕える。
④（p.48 ℓ.5）**紙幣**〔　　〕で支払う。
⑤（p.50 ℓ.4）**分厚**〔　　〕い本だ。
⑥（p.51 ℓ.7）**整頓**〔　　〕された本棚。
⑦（p.51 ℓ.7）白い**背表紙**〔　　〕。
⑧（p.51 ℓ.11）枝の**端**〔　　〕にとまる。
⑨（p.52 ℓ.16）**鮮明**〔　　〕に思い出す。
⑩（p.53 ℓ.13）**印象**〔　　〕に残る。
⑪（p.53 ℓ.14）**緊迫**〔　　〕した場面。
⑫（p.54 ℓ.8）世界を**放浪**〔　　〕する。
⑬（p.54 ℓ.11）卒業を**祝**〔　　〕した。
⑭（p.57 ℓ.4）日々の**断片**〔　　〕を描く。
⑮（p.57 ℓ.13）病気を**克服**〔　　〕した。
⑯（p.58 ℓ.5）**性懲**〔　　〕りもない失敗。
⑰（p.58 ℓ.13）すだれ越しの**影**〔　　〕。

語句

1 次の太字の語句の意味を調べなさい。　知識・技能

①（p.54 ℓ.12）一人きりの寂しい**晩餐**になってしまった。
〔　　〕
②（p.57 ℓ.10）はかない恋の**顚末**を語る。
〔　　〕

2 次の空欄にあとから適語を選んで入れなさい。

①（p.47 ℓ.12）〔　　〕を切られるような悲痛な思いをした。
②（p.51 ℓ.8）一冊の本が〔　　〕に飛びこんできた。
③（p.52 ℓ.5）聞くそばから〔　　〕で笑う。
④（p.54 ℓ.2）何も言わず〔　　〕をすくめる。

（　肩　鼻　身　目　）

3 次の語句を使って短文を作りなさい。

①（p.49 ℓ.7）～はおろか
〔　　〕
②（p.50 ℓ.1）もてあます
〔　　〕
③（p.57 ℓ.4）投げやりな
〔　　〕

展開の把握

1 次の空欄に本文中の語句を入れて、内容を整理しなさい。

段落	内容
第一段落（初め～ p.49 ℓ.8）	十八歳だった私は、（ア　）の大学に進学し、ひとり暮らしをしていたが、紙袋二つほどの本を古本屋に（イ　）ことにした。古本屋の主人はある翻訳小説を本当に売っていいのかと念押しした。売り払った私は、その後しばらく（ウ　）だったが、特になにごともなく月日がたち、卒業するころには（エ　）ていた。
第二段落（p.49 ℓ.9～ p.53 ℓ.7）	私は、卒業旅行でネパールにひとり旅をした。ポカラで（オ　）に入ってみると、かつて自分が手放した翻訳小説が売られていた。縁を感じた私はその本を買った。
第三段落（p.53 ℓ.8～ p.54 ℓ.14）	再読してみると、その小説の（カ　）は私の記憶とはかなり違っていた。読み終えた私は、その本をカトマンズで再度売った。
第四段落（p.55 ℓ.1～ p.57 ℓ.7）	その後、仕事でアイルランドに渡った私は、（キ　）に入った古本屋で再びカトマンズで売った翻訳小説を見つけた。買い取ってパブで読んでみると、その内容はまた（ク　）とは違っていた。
第五段落（p.57 ℓ.8～終わり）	その小説の内容が読むたびにかわっているのは、自身がかわったせいだと私は気づいた。この本は、古本屋が言ったように売っては（ケ　）本だったのかもしれない。自分といっしょに（コ　）をしているらしいその本を売り、今度はどこまで私を追いかけてくるか、再読した本にどんな（サ　）を見いだすのかと考えて、私はわくわくした。

2 次の空欄に本文中の語句を入れて、場面設定と主人公の人物設定をまとめなさい。 思考力・判断力・表現力

場面設定

十八歳　（ア　）に本を売る。

卒業旅行　（イ　）の古本屋で本に再会。

↓（ウ　）でもう一度売る。

仕事の旅行　（エ　）で本に再会。

↓（オ　）で売ろうと思う。

主人公の人物設定

学生時代　（カ　）でひとり暮らし。

卒業後　海外にも出かける仕事をしている。

主題

思考力・判断力・表現力

●空欄に本文中の語句を入れて、全体の主題を整理しなさい。

大学に入学したころに（ア　）に売った翻訳小説に、私は（イ　）で訪れたネパールで出会い、さらにその後、仕事で行ったアイルランドでも再会した。その本は、読むたびに内容が（ウ　）とは異なっていたが、それは、自分がかわったせいだと私は気づいた。その本は私といっしょに（エ　）をしているようで、売ってはいけない本のようだが、私はあえて売り、どこで再会するか、再読してどんな（オ　）を見いだすのかを楽しみにしている。

内容の理解

第一段落（初め〜p.49 ℓ.8）

1 「うっぱらってしまう」（四六・4）について、次の問いに答えなさい。

(1) これは口語的な表現だが、もとになっている表現に正しなさい。

〔　　　　〕

(2) この表現によって、「私」のどのような心情が表されているか。次から選びなさい。

ア　本やレコードを売ることにして、それらが大切なものではなく邪魔なものにすぎないと思い込んでいる心情。

イ　ひとり暮らしを始めてお金が必要になり、本やレコードを売るしかないとやけくそになっている心情。

ウ　東京でのひとり暮らしで遊びを覚え、本やレコードをお金に換えようとするほどすさんだ心情。

エ　愛着のある本やレコードを手放すにあたり、自分で自分を勢いづけ、ふんぎりをつけようとする心情。

〔　　〕

2 「値の張る貴重本」（四六・6）とはどのような本か。本文中の語句を用いて具体的に説明しなさい。

〔　　　　〕

3 「高座に座った主人」（四六・8）はどのような人物として描かれているか。次から選びなさい。

ア　けんか腰で話す不親切な人物。

イ　愛想がなく頑固そうでかたくなな人物。

ウ　昔気質（かたぎ）の大真面目で一本気な人物。

エ　おせっかいで人情味のあふれる人物。

〔　　〕

4 「意味がよくわからなかった」（四六・11）のはなぜか。四十字以内で説明しなさい。

第一段落（初め〜p.49 ℓ.8）

5 「むっとして」（四七・7）について、ここでの「私」の心情を説明した次の文章の空欄にあてはまる語句を、本文中から抜き出して答えなさい。

ある本の〔　①　〕をたずねた「私」に、古本屋の主人は「本の価値は〔　②　〕で決めることだろう」と答えた。それが「私」には〔　③　〕されたかのようで不愉快だった。

①

②

③

6 「ぼんやりと眺めた」（四六・13）ときの「私」の心情を、次から選びなさい。

ア　古本屋の主人の言葉の真意がわからず、予言者か何かではないかと疑う心情。

イ　古本屋の主人がその小説を売るのかと念を押すため、不安になり売ったことを悔やむ心情。

ウ　古本屋の主人が自分の問いかけに答えてくれなかったので、さらにたずねようかと迷う心情。

エ　古本屋の主人がなぜその小説にこだわるのか見当がつかず、戸惑う心情。

〔　　〕

第二段落

7 「鼻で笑いながら」（五一・5）について、次の問いに答えなさい。

(1) どのような笑いか。次から選びなさい。

ア　小馬鹿にした笑い　　イ　声を出さないひそかな笑い

ウ　楽しげな笑い　　エ　一瞬のわずかな笑い

〔　　〕

第二段落 (p.49 ℓ.9〜p.53 ℓ.7)

(2) なぜ笑ったのか。理由を説明した次の文章の空欄にあてはまる語句を、本文中から抜き出して答えなさい。

かつて古本屋の主人に〔 ① 〕いいのかと念押しされた本をネパールのポカラの古本屋で見つけ、ありふれた〔 ② 〕にすぎないのにと、こだわった〔 ③ 〕を滑稽に思ったから。

① 　② 　③

8 「いつのまにか笑いは消えていた。」（五三・5）について、次の問いに答えなさい。

(1) なぜ消えたのか。本文中の語句を用いて三十字以内で説明しなさい。

(2) (1)のように判断した根拠は何か。本文中の語句を用いて説明しなさい。

〔 　〕

第三段落 (p.53 ℓ.8〜p.54 ℓ.14)

9 「肩をすくめる。」（五四・2）について、子どもはなぜそのようにしたのか。次から選びなさい。

ア　ネパールまで来て「私」が本を読む気持ちがわからなかったから。
イ　屋台同然のお茶屋なのに「私」が長居をし続けるから。
ウ　本の表紙の日本語がまったく読めなかったから。
エ　本に興味を持ち「私」に話しかけたかったから。

〔 　〕

第四段落

10 「ぽかんとそれを眺めて」（五六・3）とはどういうことかを説明した次の文章の空欄にあてはまる語句を、本文中から抜き出して答えなさい。

アイルランドの〔 ① 〕で目にした本が、〔 ② 〕のときに売って、ポカラで見つけ、〔 ③ 〕で再び売った本だとは、すぐにはわからなかったということ。

① 　② 　③

第四段落 (p.55 ℓ.1〜p.57 ℓ.7)

11 「現実味がまるでなかった。」（五六・14）とはどういう心境か。次から選びなさい。 ▼脚問2

ア　日本を離れ、アイルランドに来てからのさまざまなことが、現実の出来事だという実感をまったく感じられない心境。
イ　アイルランドのパブのカウンターで、ギネスを頼み、思い出深い本を開いていることが、まるで夢のように感じられる心境。
ウ　取材の仕事でアイルランドに来て、そこで古本屋に入ったということが、まるで夢の中の出来事のように思われる心境。
エ　学生のときに売り、ネパールで再度手放した本にアイルランドで巡り会ったことが、現実に起きたこととは信じられない心境。〔 　〕

12 「かわっているのは本ではなくて、私自身なのだ」（五七・9）を言い換えている部分を本文中から五十字以内で抜き出し、初めと終わりの五字で答えなさい。 ▼学習二

〔 　〕〜〔 　〕

第五段落 (p.57 ℓ.8〜終わり)

13 新傾向 「その思いつきは不思議なくらい私をわくわくさせる。」（五八・10）という箇所について、Aさんは次のようにノートにまとめた。空欄にあてはまる内容を答えなさい。

【ノート】「私」をわくわくさせる理由…三度手放す本に〔 ① 〕、そして〔 ② 〕、これら二点のことを楽しみにしているから。

①〔 　〕
②〔 　〕

学習目標　著名な小説家の作品と重ね合わせながら読むことで、小説の奥深さとおもしろさを味わう。

富嶽百景（中島京子）

教科書p.61〜p.73

検印

漢字

1 太字の仮名を漢字に直しなさい。

- p.61 上ℓ.9　①青森に**たいざい**〔　　〕した。
- p.61 下ℓ.2　②「ねぶた」は大**はくりょく**〔　　〕だ。
- p.62 上ℓ.4　③**せんさい**〔　　〕な味わい。
- p.62 上ℓ.10　④連隊は**ぜんめつ**〔　　〕した。
- p.63 上ℓ.13　⑤土地を**かいたく**〔　　〕した。
- p.63 下ℓ.5　⑥山を**なが**〔　　〕めている。
- p.63 下ℓ.8　⑦臨時**やと**〔　　〕いの先生。
- p.64 下ℓ.2　⑧**こうまん**〔　　〕な声。
- p.65 上ℓ.12　⑨**きせき**〔　　〕をたどった。
- p.66 上ℓ.2　⑩**しょうどう**〔　　〕に駆られる。
- p.66 上ℓ.4　⑪自信**そうしつ**〔　　〕する。
- p.67 上ℓ.10　⑫**どうほう**〔　　〕の思い。
- p.69 上ℓ.1　⑬ドライブを**かんこう**〔　　〕する。
- p.70 下ℓ.4　⑭写真が**さつえい**〔　　〕される。
- p.71 上ℓ.7　⑮**こうご**〔　　〕に説明する。
- p.72 上ℓ.15　⑯父の**しょさい**〔　　〕。
- p.72 下ℓ.4　⑰**じしょう**〔　　〕アーティスト。

2 太字の漢字の読みを記しなさい。　知識・技能

- p.61 上ℓ.5　①真実**寡黙**〔　　〕なのか。
- p.61 下ℓ.7　②口を**利**〔　　〕いた。
- p.62 上ℓ.2　③**扇**〔　　〕形の張りぼて。
- p.63 上ℓ.14　④合間に**仰**〔　　〕ぎ見る。
- p.63 上ℓ.14　⑤先住民の**霊峰**〔　　〕。
- p.63 下ℓ.3　⑥美しく、**荘厳**〔　　〕だ。
- p.64 上ℓ.10　⑦**素朴**〔　　〕な心。
- p.66 下ℓ.11　⑧富士の**雄姿**〔　　〕。
- p.66 下ℓ.12　⑨天気に**阻**〔　　〕まれた。
- p.66 下ℓ.12　⑩日本事情に**疎**〔　　〕い。
- p.67 上ℓ.5　⑪善意の**渦**〔　　〕。
- p.68 上ℓ.9　⑫当日は**曇天**〔　　〕だった。
- p.68 下ℓ.6　⑬妹に**漏**〔　　〕らした。
- p.70 上ℓ.17　⑭河口**湖畔**〔　　〕。
- p.70 下ℓ.14　⑮**頑固**〔　　〕な映画監督。
- p.71 下ℓ.9　⑯**辛**〔　　〕い決断。
- p.72 上ℓ.14　⑰奇妙なものに**遭遇**〔　　〕した。

語句

1 次の太字の語句の意味を調べなさい。　知識・技能

- p.61 上ℓ.2　①友人の**つれあい**。〔　　〕
- p.65 下ℓ.6　②**宵越しの金は持たない**主義です。〔　　〕
- p.65 下ℓ.9　③若い者に**こざかしく**説教する。〔　　〕

2 次の空欄にあとから適語を選んで入れなさい。

- p.62 上ℓ.12　①誇らしげに語ったときは、〔　　〕。
- p.63 上ℓ.5　②私にいちばん〔　　〕。
- p.66 下ℓ.7　③満面に〔　　〕。
- p.67 下ℓ.1　④ノンと〔　　〕。

（なじみが深い　そっぽを向かれる　目を見張った　笑みをたたえる）

3 次の語句を使って短文を作りなさい。

- p.65 上ℓ.7　①一刀両断〔　　〕
- p.68 上ℓ.6　②目の当たり〔　　〕

展開の把握

1 次の空欄に本文中の語句を入れて、内容を整理しなさい。

第一段落（初め～p.66 上ℓ.5）	第二段落（p.66 上ℓ.6～p.67 下ℓ.10）	第三段落（p.67 下ℓ.11～p.72 上ℓ.12）	第四段落（p.72 上ℓ.13～終わり）
「富士」に対する思いの相違	義兄の「富士」への思い	イリュージョンの「富士」	姪が描く「富士」
[ねぶた祭りを友人夫婦と見た帰路] 友人の夫の岩木山＝（ア　　）富士への思いを知る。 ワシントン州の（イ　　）富士。→富士山への私の思い。＝小さな（ウ　　）から「ほんとの富士山は、もっときれい。」と思う。 太宰治と夏目漱石の思い。→ナショナリズムの（エ　　）への嫌悪。	フランス人の義兄は「fu・j・i」が大好きなのに、本物を見たことがない。 ↓ [新幹線の中]　富士を見ることができず車両中の（オ　　）を買い占めた。 私…車両中の（カ　　）の思いに感染して、富士山を見せたくなった。	伊豆旅行で見せようと思った富士山→雨で見られなかった。 ↓ 人々は富士という（キ　　）を見ているのではないかという義兄の思い。 ↓ 梅雨の晴れ間に（ク　　）に向かう→深い霧で見られなかった。 ↓ 富士ビューホテルでも見られない→富士はイリュージョンなのか。	↓ [五年後]　（ケ　　）の父の書斎に貼られた絵。 ↓ （コ　　）が書いた絵には富士山が描かれている。 ↓ たいていのものには、（サ　　）がよく似合う。

学習一

2 次の空欄に本文中の語句を入れて、場面設定と登場人物の設定をまとめなさい。　思考力・判断力・表現力

[場面設定]

私の「富士」の思い出

青森県…（ア　　）（津軽富士）

アメリカ…（イ　　）山（タコマ富士）

義兄と「富士」

新幹線の車窓から→見逃す

（ウ　　）旅行→曇天・豪雨

富士五湖へのドライブ→濃霧

[登場人物の設定]

私　富士山に小さな（エ　　）を抱く。

義兄　（オ　　）人。富士が大好き。

主題　思考力・判断力・表現力

●次の空欄に本文中の語句を入れて、全体の主題を整理しなさい。

私は（ア　　）を旅行して、友人のつれあいの（イ　　）山に対する思いを知った。シアトルで臨時の（ウ　　）をしていたとき、「タコマ富士」よりも富士山はきれいと思い、自分の中に小さなナショナリズムを感じたが、太宰治や夏目漱石はナショナリズムの（エ　　）を嫌ったようだ。フランス人の（オ　　）は富士山が大好きだったが、本物の富士山を見ることができず、富士山は（カ　　）なのかと思ってしまう。姪の絵には富士が描かれている。

内容の理解

思考力・判断力・表現力

第一段落（初め〜p.66上ℓ.5）

1 「サンプルなのである」（六一・上8）とあるが、「私」はどういうことを言おうとしているのか。次から選びなさい。

ア　友人の夫は東北人らしく、ねぶた祭りが好きだということ。
イ　私にとって、友人の夫が寡黙な東北の男性の典型的な存在であること。
ウ　私にとって東北の男性と言えば、友人の夫しか思い浮かばないこと。
エ　友人の夫のように東北の男性は、皆深い郷土愛の持ち主だということ。

〔　　　〕

2 「私」は「友人の夫の、深い郷土愛」（六一・下8）をどのようなことから感じ取ったのか。本文中の語句を用いて四十五字以内で答えなさい。

3 「移民一世たちが『富士』と呼びたくなった気持ち」（六三・下3）を言い換えた語句を漢字三字で本文中から抜き出しなさい。　▼学習一

4 「私はちょっと、悔しい。」（六三・下14）と思うのはなぜか。その理由を本文中の語句を用いて二十五字以内で説明しなさい。　▼脚問1

5 「外国人に対して、おれの国には富士山があるというようなばかな」（六四・上18）とあるが、夏目漱石はどういうことを言いたかったのか。次から選びなさい。

第一段落（初め〜p.66上ℓ.5）

ア　自然が生み出した富士山を持ち出して、西洋文明に対抗しようとする愚かさ。
イ　日露戦争に勝ったことで、日本は世界の先進国に並んだと思い込む気楽さ。
ウ　機能ばかりではなく外観も欧米の都市に劣っている日本の都市に対する恥ずかしさ。
エ　日露戦争以降も日本で誇れるものは、天然自然の富士山しかないという無念さ。

〔　　　〕

6 「ナショナリズムの胡散臭さ」（六四・下11）とはどのようなことを言っているのか。次から選びなさい。

ア　富士山を日本一の山と知らされてあこがれているからワンダフルと言うが、事前に宣伝がなければ心細く思うこと。
イ　日露戦争後は世界の中で一等国になったと自慢することはあっても、富士山を誇ることはなくなったこと。
ウ　日本が戦争に勝って国威を誇示しようというねらいに、日本一の富士山を利用しようとしていること。
エ　戦争に勝っても、都市の建物も庭園も西洋諸国には追い付けない日本人には富士山しか誇れるものがないこと。

〔　　　〕

第二段落（p.66上ℓ.6〜p.67下ℓ.10）

7 「君は北斎か」（六六・上17）とあるが、「私」はどういうことを言おうとしているのか。そのことを説明した次の文章の空欄に入る語句を本文中から抜き出しなさい。

絵が〔　①　〕であるフランス人の〔　②　〕は、〔　③　〕もあって絵の才能があると思うが、彼の絵には必ず「ｆｕｊｉ」が登場するので、『富嶽三十六景』や『富嶽百景』など富士山を主題にした作品を残した葛飾北斎になぞらえて、ユーモアから「君は北斎か」と述べている。

①〔　　　〕
②〔　　　〕
③〔　　　〕

第二段落（p.66上ℓ.6〜p.67下ℓ.10）

8 **「義兄に、富士山を見せたい。」（六七・上7）と「私」が思ったのはなぜか。次から選びなさい。**

ア　ひいき目からでなく、義兄は絵の才能はあるのに、富士山はまだ上手に描けていなかったから。

イ　義兄は富士山が大好きであったが、本物の富士山をまだ見たことがなかったから。

ウ　京都見物の帰路に新幹線の中で見るチャンスがあったのに、義兄は富士山を見過ごしてしまったから。

エ　義兄と同じ車両にいて、富士山を見そびれた義兄に同情した日本人の気持ちが移ったから。

〔　　〕

9 **「まさに旅には『暗雲が垂れ込め』ていた。」（六八・上10）の「暗雲」に込められている二つの意味をそれぞれ答えなさい。**

〔　　〕

〔　　〕

第三段落（p.67下ℓ.11〜p.72上ℓ.12）

10 新傾向 **「『……ぱこーんと』見える」（六八・上12）「『……くっきりと』浮かぶ」（六八・上14）とあるが、この二つの擬態語の表現効果を説明したものとして適当なものを、次から選びなさい。**

ア　本来ならば富士山を眺めることができて満足しているはずの義兄の無念さを際立たせる効果。

イ　ふだんならはっきりと見えるのに、今回の旅では富士山の姿が全く見られなかったことを強調する効果。

ウ　あいにくの雨で見ることができなかった富士山の風景を読者に臨場感を持って想像させる効果。

エ　今回も見ることはできなくて、絵や写真で見た富士山を幻想ではないかと疑う義兄の心情を打ち消す効果。

〔　　〕

第三段落（p.67下ℓ.11〜p.72上ℓ.12）

11 **「腕を組んで仁王立ちした」（七〇・下7）ときの義兄の気持ちを二十字以内で説明しなさい。**

12 **「事情」（七一・上3）を四十字以内でわかりやすく説明しなさい。** ▼脚問3

13 **「あまり喜ばずに、興味なさそうな顔をした。」（七三・上3）のはなぜか。次から選びなさい。**

ア　「富士ビューホテル」まで行ったのに富士山は見られなかったから。

イ　見ることができなかった富士山を巡る旅に飽きてしまっていたから。

ウ　山頂に雪のない富士山は、富士山のイメージにそぐわなかったから。

エ　心の中で、富士山はイリュージョンなのだと、決めてしまったから。

〔　　〕

第四段落（p.72上ℓ.13〜終わり）

14 **「その絵は、成長した姪が彼女の祖父にプレゼントしたものだ。」（七三・下1）とあるが、「私」は姪の絵を見てどのように思っているか。次から選びなさい。**

ア　義兄の代わりに富士山を描いてくれて、富士山を見せた甲斐があった。

イ　義兄の血を引いているだけあって、子供ながら上手に描いている。

ウ　自称アーティストだが、紙面を何かで埋めているだけである。

エ　どんなものにも富士山が似合うという新発想は、日本人にはうれしい。

〔　　〕

学習目標　日本の伝統文化を論じた文章に触れ、抽象的な内容がどのように説明されているか理解する。

花のいざない（観世寿夫）

教科書 p.76〜p.81

検印

漢字　知識・技能

1 太字の仮名を漢字に直しなさい。

p.76
①（l.3）**けっこんしき**〔　　〕のブーケ。
②（l.5）**さ**〔　　〕けようのない相手。
③（l.6）自然と**たたか**〔　　〕う。
④（l.6）自然を**せいふく**〔　　〕する。
⑤（l.10）春の七草を**つ**〔　　〕む。
⑥（l.11）酒に**よ**〔　　〕う。
⑦（l.11）**くる**〔　　〕ったように熱中する。

p.77
⑧（l.2）排気ガスで松が**か**〔　　〕れる。
⑨（l.2）日本の伝統としての**かよう**〔　　〕。
⑩（l.3）着物の**もよう**〔　　〕。
⑪（l.3）大根に箸を**さ**〔　　〕す。
⑫（l.6）**みりょく**〔　　〕を花にたとえる。
⑬（l.8）世阿弥が説いた**がいねん**〔　　〕。
⑭（l.16）**ぶたい**〔　　〕での美しさ。

p.78
⑮（l.3）花が**さ**〔　　〕く。
⑯（l.5）絶対的**ひつぜん**〔　　〕。
⑰（l.17）別の意味が**ふく**〔　　〕まれる。

2 太字の漢字の読みを記しなさい。

p.76
①（l.1）花に**託**〔　　〕する心。
②（l.2）**太古**〔　　〕の昔。
③（l.10）新年を**迎**〔　　〕える。
④（l.10）七草粥を**炊**〔　　〕く。
⑤（l.11）花見で**騒**〔　　〕ぐ。

p.77
⑥（l.1）**魔性**〔　　〕がとりつく。
⑦（l.1）無意識下に**潜**〔　　〕む。
⑧（l.1）月見にすすきを**供**〔　　〕える。
⑨（l.1）花を**慈**〔　　〕しむ。
⑩（l.8）先生が教えを**説**〔　　〕く。

p.78
⑪（l.2）美として**捉**〔　　〕える。
⑫（l.15）**鉢**〔　　〕植えの木。

p.79
⑬（l.6）**予見**〔　　〕できない動き。
⑭（l.17）**大写**〔　　〕しにして見る。

p.80
⑮（l.1）**色香**〔　　〕に迷う。
⑯（l.2）黙ってじっと**座**〔　　〕る。
⑰（l.8）イメージを**育**〔　　〕む。

語句　知識・技能

1 次の太字の語句の意味を調べなさい。

①（p.76 l.10）春も**たけなわ**となる。
〔　　〕
②（p.79 l.6）生々流転のこの世に**無常観**を抱く。
〔　　〕
③（p.80 l.8）**ひともと**の花のように。
〔　　〕

2 次の語句を使って短文を作りなさい。

①（p.76 l.1）洋の東西を問わず
〔　　〕
②（p.77 l.12）十人いれば十色
〔　　〕
③（p.78 l.7）多岐にわたる
〔　　〕
④（p.78 l.11）一期一会
〔　　〕

展開の把握

1 次の空欄に本文中の語句を入れて、内容を整理しなさい。 思考力・判断力・表現力

段落	区分	内容
第一段落 （初め～p.77 ℓ.7）	《導入》	人と自然との触れ合い……「花」がいちばん大きな〔ア　　〕になってきた。 世阿弥の「花」論……〔イ　　〕の肉体を通して現れる魅力を花にたとえる。
第二段落 （p.77 ℓ.8～p.78 ℓ.2）	《序論》	世阿弥の「花」論……〔ウ　　〕が反応するもののこと。 観客は種々雑多、十人いれば十色。 ↓観客対舞台という永久の難しさ。 **【筆者の問題提起】** 世阿弥は「花」というものを、 演技者の舞台での生き方、舞台での〔エ　　〕の現れとして 捉えようとしたのではないか。
第三段落 （p.78 ℓ.3～p.79 ℓ.13）	《本論》	〔オ　　〕の花 ×　見せるために咲く。 ○　おのずからしかるべきところに、しかるべき時節に咲く。 ← 〔カ　　〕もそうありたい。 自然の花と人とが、ふと（偶然にかつ〔キ　　〕に）出会う、 一期一会のような、舞台と観客との出会いにならないか。
第四段落 （p.79 ℓ.14～終わり）	《結論》	**【筆者の考え】** 観客一人一人がさまざまなイメージを育み持てる、自然に咲いた、 〔ク　　〕のように、舞台にいたい。 舞台はその花の物語を語っている。

主題

1 次の空欄に本文中の語句を入れて、全体の主題を整理しなさい。 思考力・判断力・表現力

世阿弥の「〔ア　　〕」について考える。〔イ　　〕の花は、おのずから花開く。〔ウ　　〕もそうあることはできないものか。花と人それぞれの、〔エ　　〕の出会いのような、舞台と〔オ　　〕との出会いにならないか。自然の花が移ろうように、舞台の芸もその都度消える。そこで出会ったとき、その舞台の「花」はどれほど美しいことか。私は、観客一人一人がさまざまなイメージを育み持てる、自然に咲いている花みたいに、〔カ　　〕にいたい。

2 右を参考にして、主題を百字以内にまとめなさい。

内容の理解

思考力・判断力・表現力

全体

1 筆者が本文で考えようとしているのはどのようなことか。問題を提起している形式段落を探し、初めと終わりの五字で答えなさい。（句読点を含む）

[　　　　　]～[　　　　　]

第一段落（初め～p.77 ℓ.7）

2 「いちばん大きな窓口」（六・7）とはどういう意味か。次から選びなさい。 ▼脚問1

ア 人は自然と触れ合う際には、初めに必ず「花」を通して接するということ。

イ 人が自然と触れ合う際の接点として、「花」は最も代表的なものであるということ。

ウ 人は、自然と闘い、征服するうえで、「花」を突破口としてきたということ。

エ 洋の東西を問わず、太古の昔から、自然のなかで、「花」が最も人間に近い存在であったということ。

〔　　〕

3 「とくに日本では、……持ち続けてきた。」（六・8～9）とあるが、その具体例として本文中にあげられているものを五つ答えなさい。

〔　　　　　　〕

4 「花にかこつけて自分の心を解放しようとする」（六・12）とはどういうことか。次から選びなさい。

ア 思いを花に無理に結びつけることで自由になろうとすること。

イ ふだんできないことをやってしまい、それを花見のせいにすること。

ウ 花見を口実に、自分の心の束縛を解き、自由になろうとすること。

エ 花に託して自分の心を表現し、解放感を得ようとすること。

〔　　〕

第二段落（p.77 ℓ.8～p.78 ℓ.2）

5 「しかし」（七・8）の前後で、世阿弥の「花」論についての捉え方はどのように違うか、三十五字以内で説明しなさい。

6 「とても、その日の……不可能なことだ。」（七・14～15）とあるが、その理由を次から選びなさい。

ア 観客はそれぞれ見方が異なるから。

イ 観客の中には意地悪な人もいるから。

ウ 観客対舞台には永久の難しさがあるから。

エ 伝統的な美を好む観客はレベルが高いから。

〔　　〕

7 「観客対舞台という、永久の難しさを背負う」（七・16）とはどういうことか。次から選びなさい。 ▼学習二

ア 観客にとって魅力的な演技はそれぞれ違う。したがって、すべての人に「おもしろい」と思ってもらえる演技をしようとしても、それは永久に不可能なことであるということ。

イ 観客の好みはそれぞれ異なり、役者の個性もそれぞれ違う。そのような中で演じられる舞台において、すべての観客に「おもしろい」と思ってもらおうとすることは、不可能であるということ。

ウ 種々雑多な観客の好みすべてに合わせた演技は不可能なことであるが、そこで諦めずに挑戦し続けることこそが、舞台での役者の生き方であり、そこから舞台での美しさが現れるということ。

エ それぞれ見方が異なる観客に対し、そのすべての人々に「おもしろい」と思ってもらう舞台を演出することは不可能に近いが、それでも諦めずに挑戦し続けるということ。

〔　　〕

第二段落（p.77 ℓ.8～p.78 ℓ.2）

8 「世阿弥は『花』というものを、……私なりに考えてみる。」（七六・1～2）とあるが、筆者は「舞台」の上で、どのようにありたいと思っているのか。本文中から二十字以内で抜き出して答えなさい。

第三段落（p.78 ℓ.3～p.79 ℓ.13）

9 「自然の花は、見せるために咲いているのではない。」（七六・3）とあるが、それではどのように咲いているのか。二十五字以内で答えなさい。

10 「そういう状態」（七六・6）を表している部分を、本文中から二十五字以内で抜き出して答えなさい。

11 「ここのこと」（七六・9）について説明した次の文の空欄にあてはまる語句を、本文中から①は八字で、②は二字で抜き出して答えなさい。▼脚問3

観客に〔　①　〕演技をするのではなく、観客の〔　②　〕に応じた演技をすること。

①

②

12 「先刻から私もこの文中で使っている。」（七九・3）とあるが、筆者が本文中で「フト」の意味で使っている「自然」の用例を選びなさい。

ア　自然というものは避けようのない相手（七六・5）

イ　ごく自然に発想され（七七・6）

第三段落（p.78 ℓ.3～p.79 ℓ.13）

ウ　自然の花は、見せるために（七六・3）

エ　つまり自然に（七六・4）

〔　　〕

13 「咲く側と、見る側とが、……美しいだろうか。」（七九・11～13）とあるが、その説明として適切でないものを選びなさい。

ア　自然に咲く花と、その花を見る人との一期一会の出会いの瞬間に立ち現れる美しさがそこにはあるということ。

イ　咲く側が見る側に喜んでもらえるように趣向を凝らす、その心が見る側に伝わったときにとても美しく感じられるということ。

ウ　自然の花の移ろいと、人の世の無常、その両者の接点において生じる美しさが舞台に現れ出るということ。

エ　この世の無常において、花と人が、偶然に、しかし、必然性をもって出会うときの美しさが感じられるということ。

〔　　〕

14 「まちまち」（八〇・1）とほぼ同意の語句を、本文中から十字で抜き出して答えなさい。

第四段落（p.79 ℓ.14～終わり）

15 「舞台はその花の物語を語っている」（八〇・9）とはどういうことか。次から選びなさい。▼学習四

ア　舞台において、生きた一本の「花」が、偶然性と必然性をもって人と出会うまでのストーリーが語られているということ。

イ　舞台が、その「花」についての由来を事細かに表現しているということ。

ウ　舞台は、世阿弥の思想や来歴について詳しく表現しているということ。

エ　舞台において、観客一人一人がさまざまなイメージを育み持てるような役者の演技が行われているということ。

〔　　〕

学習目標　フェルメールの絵画を紹介する文章を読んで、読み手の関心を引きつけるための工夫について考える。

真珠の耳飾りの少女（原田マハ）

教科書p.82～p.94

検印

漢字

知識・技能

1 太字の仮名を漢字に直しなさい。

①絵画の**てんらんかい**〔　　〕。（p.82 ℓ.3）
②**しんぼう**〔　　〕強く待つ。（p.82 ℓ.8）
③新聞に**きこう**〔　　〕する。（p.82 ℓ.9）
④作品を**かんしょう**〔　　〕する。（p.84 ℓ.2）
⑤美術館を**ほうもん**〔　　〕する。（p.84 ℓ.3）
⑥**ぜひ**〔　　〕行ってみたい。（p.84 ℓ.6）
⑦新聞社が**しゅさい**〔　　〕する。（p.84 ℓ.12）
⑧控え室に**たいきゃく**〔　　〕する。（p.84 ℓ.14）
⑨目が合った**しゅんかん**〔　　〕。（p.85 ℓ.2）
⑩**ぐうぜん**〔　　〕居合わせた。（p.85 ℓ.5）
⑪**びみょう**〔　　〕な表情。（p.85 ℓ.7）
⑫**ゆうふく**〔　　〕ではなかった。（p.86 ℓ.3）
⑬親方に**しじ**〔　　〕した。（p.86 ℓ.4）
⑭**しょうぞう**〔　　〕画を描く。（p.86 ℓ.11）
⑮**とくちょう**〔　　〕的な青。（p.87 ℓ.6）
⑯**いつだつ**〔　　〕した作品。（p.88 ℓ.3）
⑰感情を**とうけつ**〔　　〕させる。（p.88 ℓ.12）

2 太字の漢字の読みを記しなさい。

①大変な**盛況**〔　　〕ぶり。（p.82 ℓ.3）
②**筆舌**〔　　〕に尽くしがたい。（p.82 ℓ.11）
③チャンスが**訪**〔　　〕れない。（p.84 ℓ.7）
④心を**躍**〔　　〕らせる。（p.84 ℓ.10）
⑤かすかに**響**〔　　〕く。（p.84 ℓ.16）
⑥**漆黒**〔　　〕の暗闇。（p.85 ℓ.1）
⑦**潤**〔　　〕んだ瞳。（p.85 ℓ.12）
⑧**哀願**〔　　〕する気配。（p.85 ℓ.12）
⑨画家を**志**〔　　〕した経緯。（p.86 ℓ.5）
⑩**寡作**〔　　〕な画家。（p.87 ℓ.1）
⑪ささやかな**所作**〔　　〕。（p.87 ℓ.9）
⑫感情の**揺**〔　　〕らぎ。（p.88 ℓ.12）
⑬**巧**〔　　〕みに切り取る。（p.88 ℓ.12）
⑭白い**点描**〔　　〕を入れる。（p.88 ℓ.16）
⑮永遠の命を**授**〔　　〕けた。（p.89 ℓ.5）
⑯画家への**恋慕**〔　　〕。（p.89 ℓ.8）
⑰**画布**〔　　〕に閉じ込める。（p.89 ℓ.12）

語句

知識・技能

1 次の太字の語句の意味を調べなさい。

①**黒山の人だかり**になっていた。（p.82 ℓ.5）
〔　　〕
②**筆舌に尽くしがたい**体験。（p.82 ℓ.11）
〔　　〕
③**あくせく**売り絵を描く。（p.86 ℓ.15）
〔　　〕

2 次の空欄にあとから適語を選んで入れなさい。

①背筋に冷たいものが〔　　〕。（p.85 ℓ.3）
②デルフトに生を〔　　〕。（p.86 ℓ.2）
③隆盛を〔　　〕。（p.89 ℓ.8）
④多岐に〔　　〕。（p.89 ℓ.12）
⑤想像を巡らせるほどに謎が〔　　〕。（p.89 ℓ.9）
（極める　深まる　走る　わたる　享(う)ける）

3 次の語句を使って短文を作りなさい。

①モティーフ（p.84 ℓ.5）
〔　　〕
②ミステリアスな（p.88 ℓ.1）
〔　　〕

展開の把握

思考力・判断力・表現力

1 次の空欄に本文中の語句を入れて、内容を整理しなさい。

第一段落（初め～p.84 ℓ.11）	第二段落（p.84 ℓ.12～p.86 ℓ.1）	第三段落（p.86 ℓ.2～p.87 ℓ.7）	第四段落（p.87 ℓ.8～p.87 ℓ.16）	第五段落（p.88 ℓ.1～p.89 ℓ.10）	第六段落（p.89 ℓ.11～終わり）
「真珠の耳飾りの少女」について（一対一の対面）	「真珠の耳飾りの少女」について（少女の表情）	フェルメールについて（プロフィール）	フェルメールについて（作品）	「真珠の耳飾りの少女」について（特殊性）	私とフェルメール
「真珠の耳飾りの少女」は〔ア　〕の作品の中で最も〔イ　〕で気になっていた作品だったが、これまで見るチャンスがなかった。二〇一二年、私は展覧会の無人の会場で〔ウ　〕で対面することができた。	「少女」の絵と向き合ったとき、美術館の壁に開いた〔エ　〕の中に一人の少女が人の気配を感じて振り向いたときに、私は偶然その場にいて、〔オ　〕を見てしまったような気がした。少女の顔には驚きのような〔カ　〕のような複雑な表情が広がっていた。	オランダの〔キ　〕に生まれたフェルメールは、売り絵を描かなくてもいい経済状況にあったため、〔ク　〕な画家であった。また「フェルメール・ブルー」といわれる、高額な〔ケ　〕をふんだんに使うなど、作品には高級な画材が使われた。	フェルメールの作品の多くは〔コ　〕で、カメラのシャッターを押したかのような、瞬間的に切り取った、〔サ　〕のような絵画である。	特別にミステリアスな作品「真珠の耳飾りの少女」には「〔シ　〕」が一切なく、少女の〔ス　〕には誰かに何かを訴えかけるような切なさがあり、「一瞬」の〔セ　〕のみずみずしさが感じられる。それは、少女の瞳や唇や耳飾りの白い〔ソ　〕の効果である。一粒の白は永遠の生命を授けたのである。	美術館で一対一で見つめ合った〔タ　〕、私は少女の唇に一粒の〔チ　〕を灯した画家、フェルメールになっていた。

主題

思考力・判断力・表現力

1 次の空欄に本文中の語句を入れて、全体の主題を整理しなさい。

「真珠の耳飾りの少女」は「〔ア　〕」が一切なく、一般的な〔イ　〕のように正面を向いてポーズをとっていない。ほんの一瞬の感情の〔ウ　〕を巧みに切り取り、凍結させて絵の中に封じ込めたように見える。本作に「一瞬」の〔エ　〕のみずみずしさを感じさせるのは、少女の瞳や唇、耳飾りに入れた〔オ　〕であり、彼女に永遠の命を授けた。いつしか少女の気持ちに寄り添うと同時にフェルメールとなって少女を描いている気分になった。

2 右を参考にして、主題を百字以内にまとめなさい。

内容の理解

思考力・判断力・表現力

第一段落（初め〜p.84 ℓ.11）

1 新傾向 「『真珠の耳飾りの少女』が日本へやってきた。」（八三・1）とあるが、この文の表現法とその効果について、四十五字以内で説明しなさい。

第二段落（p.84 ℓ.12〜p.86 ℓ.1）

2 「私は、正真正銘の一対一で、『真珠の耳飾りの少女』と向き合った」（八四・15）とあるが、このときに私の心に生じたものを次から選びなさい。

ア 見てはいけないものを偶然に見てしまったときの気まずさ。
イ ふいに見知らぬ人と目が会ってしまったときの違和感。
ウ どうか私を忘れないでという切なる願いが隠された微笑。
エ 知人が遠くに行ってしまうことから生じる孤独感。

〔　〕

第三段落（p.86 ℓ.2〜p.87 ℓ.7）

3 「そのため」（八七・3）とあるが、どういう理由なのか。本文中の語句を用いて四十五字以内で説明しなさい。

第四段落（p.87 ℓ.8〜p.87 ℓ.16）

4 新傾向 「視覚的効果を絵画の中に持ち込んだ」（八七・15）とあるが、これに関する福岡伸一の考えをまとめた次の文の空欄に入る語句を、『フェルメールの技を読む』の彼の発言の中から抜き出しなさい。

フェルメールは〔ア　〕を用いて〔イ　〕の世界を観るという新しい〔ウ　〕体験をすることで、〔エ　〕の絵画に〔オ　〕を作り出した。

第五段落（p.88 ℓ.1〜p.89 ℓ.10）

5 「特別にミステリアスな作品である」（八八・1）とあるが、「真珠の耳飾りの少女」のどのような点が「ミステリアス」なのか。適当でないものを次から選びなさい。

ア 写真のように日常の動作を切り取って描いている点。
イ 誰が何をしているのかという説明が絵から感じられない点。
ウ 肖像画であるのに正面を向いてポーズをとっていない点。
エ 一粒の白い点描を入れることで生々しさを表現している点。

〔　〕

6 「彼女に永遠の命を授けた」（八九・5）とほぼ同じ内容を述べている箇所を、本文中から六十字以内で抜き出し、初めの十字を答えなさい。

▼脚問3

第六段落（p.89 ℓ.11〜終わり）

7 「少女と私、見つめ合ったほんの十分間」（八九・11）に、筆者が思ったことを次から選びなさい。

ア 「真珠の耳飾りの少女」は、日常の何気ない瞬間を捉えて、細部まで精密に写し取った写真のような絵画である。
イ 「真珠の耳飾りの少女」は、誰が何をしているところという説明がないのに、状況設定がわかるところが不思議である。
ウ フェルメールがたった一粒の白い点描をハイライトで入れたことで、「少女」の切なさをそのまま現代まで残すことができた。
エ フェルメールはハイライトを用いることで、「少女」の切ない恋の思いという「状況設定」を明確に表現することに成功した。

〔　〕

読み比べ

8 フェルメールについて、福岡伸一と異なる評価を、『フェルメールの技を読む』の文中から六字で抜き出しなさい。

学習目標　物語の展開と出来事を整理しながら、「私」と「K」それぞれの心情をつかむ。

こころ（夏目漱石）

教科書p.96～p.122

検印

漢字　知識・技能

1 太字の仮名を漢字に直しなさい。

① p.99 上ℓ.7 **よゆう**〔　　〕がない。
② p.99 下ℓ.3 **ようい**〔　　〕に動かせない。
③ p.100 下ℓ.15 **しあん**〔　　〕しても変だ。
④ p.101 下ℓ.7 Kの部屋を**かいひ**〔　　〕する。
⑤ p.105 上ℓ.2 **ざんこく**〔　　〕な答え。
⑥ p.105 上ℓ.14 すべてを**ぎせい**〔　　〕にする。
⑦ p.106 上ℓ.3 利害と**しょうとつ**〔　　〕する。
⑧ p.107 下ℓ.2 **むじゅん**〔　　〕を非難される。
⑨ p.109 上ℓ.1 **めいわく**〔　　〕そうでした。
⑩ p.109 上ℓ.8 **おだ**〔　　〕やかな眠り。
⑪ p.110 上ℓ.1 **じゅくすい**〔　　〕できる。
⑫ p.110 上ℓ.4 **こうぎ**〔　　〕の始まる時間。
⑬ p.111 上ℓ.14 起きろと**さいそく**〔　　〕する。
⑭ p.112 上ℓ.16 **こころよ**〔　　〕からぬうそ。
⑮ p.113 上ℓ.13 **しょうだく**〔　　〕を得る。
⑯ p.117 上ℓ.9 **きゅうきょう**〔　　〕に陥る。
⑰ p.118 上ℓ.14 **けいふく**〔　　〕に値する。

2 太字の漢字の読みを記しなさい。

① p.98 上ℓ.3 **叔母**〔　　〕さんのところ。
② p.100 上ℓ.14 言葉を**遮**〔　　〕る。
③ p.100 上ℓ.15 こっちから**逆襲**〔　　〕する。
④ p.100 下ℓ.16 **悔恨**〔　　〕に揺られる。
⑤ p.101 下ℓ.8 **往来**〔　　〕の真ん中。
⑥ p.102 下ℓ.13 ふつうの**所作**〔　　〕。
⑦ p.103 下ℓ.4 恋愛の淵に**陥**〔　　〕る。
⑧ p.104 上ℓ.13 **慈雨**〔　　〕のごとく注ぐ。
⑨ p.104 下ℓ.11 **厳粛**〔　　〕な態度を示す。
⑩ p.105 上ℓ.8 資格に**乏**〔　　〕しい。
⑪ p.111 上ℓ.12 **仮病**〔　　〕を使う。
⑫ p.111 上ℓ.15 **布団**〔　　〕をかぶって寝る。
⑬ p.113 上ℓ.12 形式に**拘泥**〔　　〕する。
⑭ p.114 下ℓ.11 **格子**〔　　〕を開ける。
⑮ p.116 上ℓ.3 **機嫌**〔　　〕がよい奥さん。
⑯ p.116 下ℓ.13 **面目**〔　　〕がない。
⑰ p.118 下ℓ.9 何かの**因縁**〔　　〕。

語句　知識・技能

1 次の太字の語句の意味を調べなさい。

① p.101 下ℓ.14 彼の姿を**咀嚼**する。
〔　　〕
② p.103 上ℓ.4 Kの胸に**一物**がある。
〔　　〕
③ p.104 上ℓ.1 **悄然**とした口調。
〔　　〕
④ p.104 下ℓ.8 理想と現実の間に**彷徨**する。
〔　　〕
⑤ p.113 上ℓ.12 形式に**拘泥**する。
〔　　〕

2 次の空欄に適語を入れなさい。

① p.106 下ℓ.9 〔　　〕のくらんだ私は、そこにつけ込んだ。
② p.117 上ℓ.4 つい〔　　〕を滑らしたばか者でした。
③ p.118 上ℓ.8 〔　　〕が塞がるような苦しさを覚えた。

3 次の語句を使って短文を作りなさい。

① p.109 上ℓ.5 ～に及ばない
〔　　〕

展開の把握

1 次の空欄に本文中の語句を入れて、内容を整理しなさい。

第一段落（初め～p.102上ℓ.15）	第二段落（p.102上ℓ.17～p.110上ℓ.16）	第三段落（p.110上ℓ.18～p.118上ℓ.8）	第四段落（p.118上ℓ.10～終わり）
起	承	転	結
Kの告白	「私」とKの応酬	「私」の決断	Kの自殺
Kの告白を聞いた「私」は〔ア　〕か鉄のように固くなり、苦痛や〔イ　〕の念が生じてきた。「私」にはKが解しがたく、動かすことのできない〔ウ　〕のように思われた。	お嬢さんに対して進んでいいか退いていいか迷っていたKは、「私」に公平な〔エ　〕を求めた。「私」は理想と現実の間に〔オ　〕しているKの虚につけ込んで「精神的に〔カ　〕のない者はばかだ。」という言葉でKの恋の行く手を塞ごうとしたが、Kの「覚悟」という言葉の意味が気になり始める。	Kの「〔キ　〕」を恋に進むことと解釈した「私」はKの知らぬ間に、Kより先に奥さんに〔ク　〕して「お嬢さんをください」と切り出して承知された。卑怯な「私」は良心が復活してもKに〔ケ　〕することができなかった。	「私」は「人間としては負けた」と思いながらも、〔コ　〕からKに謝ることができなかった。明くる日まで待とうと決心した土曜の晩にKが自殺する。「私」は、取り返しがつかないという〔サ　〕が未来を貫いて、一瞬間に「私」の前に横たわる全生涯をものすごく照らしたのを感じた。

2 次の空欄に本文中の語句を入れて、場面設定と登場人物の設定をまとめなさい。　思考力・判断力・表現力

場面設定

「私」の部屋　Kが「私」にお嬢さんへの〔ア　〕を告白。

上野の公園　「私」とKの応酬。

茶の間　〔イ　〕にお嬢さんとの結婚を談判。

下宿　奥さんがKに結婚話をしたことを知る。

登場人物の設定

「私」　大学生。奥さんの家に下宿。〔ウ　〕に恋心を抱く。

K　「私」の紹介で同じ下宿に住む。「〔エ　〕のためにはすべてを犠牲にすべき」が信条。

主題　思考力・判断力・表現力

●次の空欄に本文中の語句を入れて、全体の主題を整理しなさい。

他者との関係の中に生きる人間の行動は、「心」ではなく、他者との関係によっている。先生＝「〔ア　〕」（「下　先生と遺書」）はお嬢さんへの〔イ　〕をめぐって友人Kを裏切り、彼を〔ウ　〕で失ってしまう。「私」はそれを罪として自責するが、実際は人間関係から生じた不可避的な出来事であり、「心」の関知せぬところなのである。そのような「心」を抱えて生きなくてはならない人間存在の不思議を描いている。

内容の理解

思考力・判断力・表現力

第一段落（初め〜p.102上ℓ.15）

1 「彼の魔法棒」（九六・下13）とは何をさすか。説明しなさい。 ▼傍問1

〔　　　〕

2 「彼の自白は最初から最後まで同じ調子で貫いていました。」（九九・下2）とあるが、ここからKのどのような人物像が読み取れるか。次から選びなさい。

ア　温厚な中に、狡猾（こうかつ）な面を持った人物。

イ　義理堅く、責任感の強い人物。

ウ　信念を曲げず、強固な意志を持った人物。

エ　豪快さと繊細さを併せ持った人物。

〔　　　〕

3 「逆襲」（一〇〇・上15）とはどうすることか。具体的に説明しなさい。

〔　　　〕

4 「午前に失ったもの」（一〇一・上4）とは何か。具体的に説明しなさい。

〔　　　〕

5 「私はこっちから進んで襖を開けることができなかったのです」（一〇一・上16）とあるが、「襖」がたとえていることを、次から選びなさい。

ア　Kの「私」に対する信頼。

イ　「私」のKに対する友情。

ウ　Kと「私」との軋轢（あつれき）。

エ　Kと「私」とのつながり。

〔　　　〕

第一段落（初め〜p.102上ℓ.15）

6 「彼の姿を咀嚼しながらうろついていた」（一〇二・下14）とあるが、どうしていたのか。次から選びなさい。

ア　Kの立場に立って考えようと、反省しつつ歩き回った。

イ　Kの表情を思い浮かべながら、過去を回想しつつ歩いていた。

ウ　Kのことは忘れてしまおうと、気晴らしに散歩に出かけた。

エ　Kの言動を思い返しながら、理解しようとして歩いていた。

〔　　　〕

7 「進んでいいか退いていいか」（一〇四・上6）とはどういうことか。具体的に説明しなさい。

〔　　　〕

第二段落（p.102上ℓ.17〜p.110上ℓ.16）

8 「彼の言葉がそこで不意に行き詰まりました」（一〇四・上9）とあるが、Kが「私」の問いに答えられなかった理由を次から選びなさい。

ア　「私」の批評が全く見当はずれであったから。

イ　お嬢さんへの恋が退けないほど強くなっていたから。

ウ　お嬢さんのことを相談した自分が恥ずかしくなったから。

エ　「私」の言葉に同情のかけらも感じられなかったから。

〔　　　〕

9 「私は彼自身の手から、……眺めることができたも同じでした。」（一〇四・下5〜7）とはどういうことか。次から選びなさい。 ▼傍問4

ア　Kの心の中が丸見えで、自分が優位な立場にあったということ。

イ　Kの考えることが何でもわかるほど、親しかったということ。

ウ　Kの悩みが痛いほどよくわかり、同情心が高まったということ。

エ　Kの生き方を知っているので的確な助言ができたということ。

〔　　　〕

第二段落（p.102上ℓ.17〜p.110上ℓ.16）

10 「理想と現実の間」（一〇四・下8）とあるが、「現実」の内容として適当なものを次から選びなさい。

ア　恋のために自分の道を捨てること。
イ　道の妨げになる恋に陥っていること。
ウ　道のために恋愛が許されないこと。
エ　恋愛と道とを心の中で両立させること。

［　　］

11 「精神的に向上心のない者はばかだ。」（一〇四・下15）と言った「私」の意図を、一〇五〜一〇六ページ中の言葉を用いて、三つ答えなさい。　▼学習一

［　　］
［　　］
［　　］

12 「平生の主張」（一〇七・上12）とはどういう内容か。説明しなさい。

［　　］

13 「覚悟、──覚悟ならないこともない。」（一〇七・下6）とあるが、このとき「私」はKの「覚悟」をどういう意味で受け止めたか。わかりやすく説明しなさい。

［　　］

第二段落（p.102上ℓ.17〜p.110上ℓ.16）

14 「双方の点」（一〇八・下14）の指示する内容を、本文中の言葉を用いて説明しなさい。

［　　］
［　　］

15 「私は一般を心得たうえで、例外の場合をしっかり捕（つら）まえた」（一一〇・下2）とあるが、「一般」「例外」とはそれぞれ何をさしているか。本文中の言葉を用いて説明しなさい。

一般［　　］
例外［　　］

第三段落（p.110上ℓ.18〜p.118上ℓ.8）

16 「そうした新しい光で覚悟の二字を眺め返してみた」（一一〇・下10）ときに、「私」は「覚悟」の意味をどのように理解したか。本文中から二十字以内で抜き出しなさい。（句読点は含まない）

［　　］

17 「最後の決断」（一一一・上1）とはどうすることか。次から選びなさい。

ア　Kに「私」のお嬢さんへの恋を告白すること。
イ　「私」がKの気持ちをお嬢さんに伝えてやること。
ウ　「私」がお嬢さんとの結婚を奥さんに申し込むこと。

エ　Kとお嬢さんの二人に「私」の本心を訴えること。

第三段落 (p.110上ℓ.18〜p.118上ℓ.8)

18 **「私の自然」(二五・上5)とはどういうことか。次から選びなさい。** 〔　〕

ア　自分の意志に従って行動してKのことは気にかけないこと。
イ　お嬢さんへの恋心をKに正直に告白すること。
ウ　自分を気遣うKに対して素直な気持ちで礼を言うこと。
エ　自分の良心に従ってKに謝罪しようとすること。

19 **「鉛のような飯を食いました」(二五・上12)とあるが、このときの「私」の心理状態として適当なものを次から選びなさい。** ▼傍問7 〔　〕

ア　Kにすべてを打ち明けて心から謝りたいのに、奥さんがいるために実行できないことにいらだっている。
イ　Kの信頼を裏切ってしまったことと、奥さんに本当のことを隠していることを後ろめたく思っている。
ウ　突然求婚してしまって、お嬢さんにきまりの悪い思いをさせていることで後悔している。
エ　奥さんの承諾は得たものの、お嬢さんが同じ食卓に顔を見せないことから不安を感じている。

20 **「倫理的に弱点を持っている」(二六・下7)とあるが、「倫理的」な「弱点」とはどういうことか。わかりやすく説明しなさい。** 〔　〕

〔　〕

第四段落

21 **「もう取り返しが……照らしました。」(二九・上12〜15)とあるが、このとき「私」はどういうことを直感的に感じたのか。次から選びなさい。** ▼傍問10 〔　〕

ア　親友のいない生活がどんなに寂しいだろうということ。
イ　奥さんから、人間として軽蔑されるということ。
ウ　策略が明らかになって婚約を破棄されること。
エ　Kの死を一生背負っていくこと。

第四段落 (p.118上ℓ.10〜終わり)

22 **「ついに私を忘れることができませんでした」(二九・下1)とはどういうことか。次から選びなさい。** 〔　〕

ア　友人の自殺に対して倫理的な過ちを意識しながらも、自分の保身を考えていたということ。
イ　友人の死という非常事態にもかかわらず、冷静に事後の処置ができたということ。
ウ　友人を失った悲しみを乗り越えて、お嬢さんと幸せな家庭を築こうと決心したということ。
エ　救うことができなかったことは悔やまれるが、友人の遺志を受け継いで生きていこうということ。

全体

23 **次の空欄に本文中の語句を入れて、大意をまとめなさい。**

友人のKからお嬢さんへの〔①〕を告白された「私」は、魔法棒のために〔②〕され、Kに恐怖を感じ、また永久に祟られたと思った。さらに〔③〕を求められた「私」は、理想と〔④〕の間を彷徨しているKに対して「精神的に向上心のない者はばかだ。」という言葉で恋の行く手を塞ごうとした。Kはそれに対して「〔⑤〕」という言葉を口にしたが、「私」はKより先にお嬢さんとの結婚を奥さんに申し込んだ。Kへの裏切りに心を痛める「私」であったが、Kに〔⑥〕することができないまま、Kは自殺してしまった。

①〔　〕　②〔　〕　③〔　〕
④〔　〕　⑤〔　〕　⑥〔　〕

学習目標 小説の展開において、「私」の語りの特徴がもたらしている効果を把握しながら読む。

葉桜と魔笛（太宰治）

教科書 p.124～p.135

検印

漢字　知識・技能

1 太字の仮名を漢字に直しなさい。

- ① 母が**たかい**〔　　〕して七年。（p.124 ℓ.3）
- ② 校長として**ふにん**〔　　〕する。（p.124 ℓ.5）
- ③ 二部屋**はいしゃく**〔　　〕する。（p.124 ℓ.7）
- ④ **じょうだん**〔　　〕を言う。（p.125 ℓ.12）
- ⑤ **ぬ**〔　　〕い針で刺す。（p.125 ℓ.14）
- ⑥ **じごく**〔　　〕の底。（p.126 ℓ.5）
- ⑦ 大きな**たいこ**〔　　〕。（p.126 ℓ.5）
- ⑧ **ぐんかん**〔　　〕の大砲。（p.126 ℓ.10）
- ⑨ **みぶる**〔　　〕いするほど怖い。（p.128 ℓ.13）
- ⑩ **みにく**〔　　〕い争い。（p.129 ℓ.6）
- ⑪ **きかい**〔　　〕な空想が浮かぶ。（p.129 ℓ.13）
- ⑫ **とうわく**〔　　〕する。（p.130 ℓ.4）
- ⑬ **かんぺき**〔　　〕を目ざす。（p.131 ℓ.4）
- ⑭ 社会に**ほうし**〔　　〕する。（p.131 ℓ.13）
- ⑮ **しんこう**〔　　〕が薄らぐ。（p.134 ℓ.3）
- ⑯ **げんこく**〔　　〕な父。（p.134 ℓ.7）
- ⑰ すべては**きょうげん**〔　　〕だ。（p.134 ℓ.7）

2 太字の漢字の読みを記しなさい。

- ① **頑固一徹**〔　　〕な父。（p.124 ℓ.10）
- ② **世俗**〔　　〕のことにうとい。（p.124 ℓ.10）
- ③ **腎臓**〔　　〕の病気。（p.125 ℓ.7）
- ④ 終日**寝床**〔　　〕にいる。（p.125 ℓ.11）
- ⑤ 痩せ**衰**〔　　〕える。（p.127 ℓ.3）
- ⑥ **夕闇**〔　　〕が迫る。（p.127 ℓ.13）
- ⑦ **一束**〔　　〕の手紙。（p.128 ℓ.2）
- ⑧ **甘酸**〔　　〕っぱい思い。（p.129 ℓ.13）
- ⑨ **憂**〔　　〕き目に遭う。（p.129 ℓ.15）
- ⑩ **我欲**〔　　〕を張る。（p.131 ℓ.4）
- ⑪ **謙譲**〔　　〕の美しさ。（p.131 ℓ.6）
- ⑫ **塀**〔　　〕の外。（p.131 ℓ.11）
- ⑬ **澄**〔　　〕んだ声。（p.132 ℓ.3）
- ⑭ 千々に引き**裂**〔　　〕く。（p.132 ℓ.5）
- ⑮ **筆跡**〔　　〕をまねる。（p.132 ℓ.8）
- ⑯ **崇高**〔　　〕な微笑。（p.132 ℓ.12）
- ⑰ 誰の**仕業**〔　　〕だろうか。（p.134 ℓ.5）

語句　知識・技能

1 次の太字の語句の意味を調べなさい。

- ① **おどろおどろ**した物音。（p.126 ℓ.5）
- ② 激戦を目の当たりにして**生きた空がない**。（p.126 ℓ.14）
- ③ 若い人たちの大胆さに**舌を巻く**。（p.128 ℓ.12）
- ④ **身も世もあらぬ**思い。（p.132 ℓ.10）
- ⑤ **一世一代**の大仕事。（p.134 ℓ.7）

2 次の空欄にあとから適語を選んで入れなさい。

- ① 世俗に〔　　〕うとい。（p.124 ℓ.10）
- ② 〔　　〕知ってきている。（p.127 ℓ.4）
- ③ 手紙を〔　　〕見ない。（p.130 ℓ.7）

（ろくろく　とんと　うすうす）

3 次の語句を使って短文を作りなさい。

- ① 何食わぬ顔（p.130 ℓ.6）

展開の把握

1 次の空欄に本文中の語句を入れて、内容を整理しなさい。

第一段落（初め～p.127 ℓ.2）	第二段落（p.127 ℓ.3～p.130 ℓ.7）	第三段落（p.130 ℓ.8～p.132 ℓ.2）	第四段落（p.132 ℓ.3～p.134 ℓ.2）	第五段落（p.134 ℓ.3～終わり）
現在	三十五年前			現在
三十五年前の五月の半ば、妹は十八才で腎臓結核のため亡くなった。〔ア　　〕のまぶしい当時のある日、苦しいことばかりを考えながら歩いていた私は、恐ろしい〔イ　　〕を聞いて日が暮れるまで泣き続けた。それは日本海大海戦の軍艦の〔ウ　　〕の音だったが、私には不吉な地獄の〔エ　　〕のように聞こえた。	家へ帰ると、妹が私を呼んでいた。私は五、六日前に、妹が隠していたM・Tという男性からの三十通余りの手紙を読み、二人の〔オ　　〕が心だけのものではなかったことを知った。M・Tに別れを告げられた妹が、きれいな少女のままで死を迎えられるようにと、私は〔カ　　〕を焼き捨てたのだった。妹は、ついさっき届いたM・Tからの手紙を私に読むように促した。	妹への〔キ　　〕と愛がつづられた手紙には、毎日歌を作って送り、毎晩六時に〔ク　　〕を吹いて聞かせるという約束が記されていた。	妹は、妹の苦しみを見かねた〔ケ　　〕が、M・Tになりすまして手紙を書いたことを見抜いていた。さらに妹は、隠していた過去の手紙も、不自由に生きてきた自らの〔コ　　〕を思って、自分で書いて投函したものであることを告白した。〔サ　　〕がいっぱいになった私が妹を抱きしめたとき、庭の〔シ　　〕の奥から軍艦マーチの口笛が聞こえてきた。妹はそれから三日目に亡くなった。	年をとった私は、〔ス　　〕も薄らいできている。あの口笛は、私たちの話を立ち聞きしてふびんに思った父の〔セ　　〕だったかと思うこともあるが、父が他界した今では確認もできず、やはり〔ソ　　〕のお恵みだろうと考えている。

2 次の空欄に本文中の語句を入れて、場面設定と登場人物の設定をまとめなさい。　思考力・判断力・表現力

場面設定

現在　桜が散って〔ア　　〕のころ。

三十五年前　〔イ　　〕の城下町に住む。
日本海〔ウ　　〕の最中。
〔エ　　〕の半ばのある日の出来事。

登場人物の設定

私　〔オ　　〕歳　家族の世話に追われる。
妹　〔カ　　〕歳　病気で余命百日以内。
父　〔キ　　〕の学者気質の性格。
母　早くに亡くなる。

主題

●次の空欄に本文中の語句を入れて、全体の主題を整理しなさい。　思考力・判断力・表現力

三十五年前、余命僅かな妹が隠していた〔ア　　〕という男性からの手紙を読んだ私は、二人の〔イ　　〕と破局を知る。私はM・Tのふりをして手紙を書き、毎晩〔ウ　　〕を聞かせると約束したが、妹は私の考えを見破り、過去の手紙も自らの青春を思って自分で書いたものだと告白した。私が〔エ　　〕を抱きしめたとき、庭の〔オ　　〕の奥から口笛が聞こえてきた。妹は三日後に亡くなった。今は年をとり〔カ　　〕も薄らいでいるが、あの口笛は神様の〔キ　　〕だろう。

内容の理解

思考力・判断力・表現力

第一段落（初め〜p.127 ℓ.2）

1「今から三十五年前」（一二四・2）の「私の一家」（同・3）についてまとめた次の表の空欄にあてはまる語句を、本文中から抜き出しなさい。

父	中学校の［ア　　］。［イ　　］の学者気質で、世俗にうとい。
私	［ウ　　］歳。嫁に行かず、一家の［エ　　］を引き受けていた。
妹	［オ　　］歳。美しく、よくできる、かわいい子だったが、腎臓［カ　　］を思い寝たきりだった。

2「いくらも話があった」（一二五・1）とはどういうことか。簡潔に説明しなさい。

［　　］

3「百日目が近くなって」（一二五・10）くるとはどういうことか。簡潔に説明しなさい。

［　　］

4「あの日」（一二五・15）とはどのような日のことか。次から選びなさい。

ア　島根県の城下町に赴任してきて二年目の春、からだが弱かった妹が他界してしまった日。

イ　妹の病気はもう手の施しようがないと、医者にはっきり宣告されてしまった日。

ウ　妹のことで苦しむあまり、軍艦の大砲の恐ろしい響きを聞いて泣いてしまった日。

エ　日本海大海戦が始まって、戦闘の激しさに生きた空がないほどの恐怖を感じた日。

［　　］

第二段落（p.127 ℓ.3〜p.130 ℓ.7）

5「はっと、胸を突かれ」（一二七・8）たのはなぜか。次から選びなさい。

ア　手紙を枕もとに置いたのもわからないほど、妹は深く眠っていたのだと思ったから。

イ　手紙の差し出し人について、妹は何も知らないような態度を装っていたから。

ウ　私が他人のふりをして手紙を書いたことを、妹に気づかれたのかと思ったから。

エ　手紙が届いたときに、妹をすぐに起こしてやらなかったことを後悔したから。

［　　］

6「知らないことがあるものか。」（一二七・15）とはどういうことか。次から選びなさい。

ア　枕もとにこっそり手紙を置いたとき実は起きていたはずだ。

イ　M・Tという男性と文通していたことを認めるべきだ。

ウ　私が隠れて昔の手紙を読んでいたことも知っているに違いない。

エ　手紙にはM・Tという名前を忘れずに書いておいたはずだ。

［　　］

▼脚問1

7「若い人たちの大胆さ」（一二八・12）とは、どういうことを「大胆」だと言っているのか。本文中の語句を用いて四十字以内で説明しなさい。

8「広い大きな世界が開けてくる」（一二八・16）とはどういうことか。次から選びなさい。

ア　男性との恋愛を楽しみ青春の日々を謳歌（おうか）すること。

イ　秘密の手紙をやりとりしてスリルを味わうこと。

ウ　病気を思いやってくれるような優しい恋人を持つこと。
エ　時には残酷なことも言い合える人間関係を築くこと。
〔　　〕

第二段落（p.127 ℓ.3～p.130 ℓ.7）

9 「私は、手紙を焼きました。」（一二九・6）とあるが、どのような目的があったのか。本文中の語句を用いて四十五字以内で説明しなさい。

10 「妹の不正直」（一三〇・3）とはどういうことか。次から選びなさい。▼脚問2
ア　自分の病気を隠して男性と文通をし、病気のことを知られると文通をやめたこと。
イ　私や父の目をごまかしながら、M・Tという男性と恋愛を進めていたこと。
ウ　私がM・Tのふりをして手紙を書いたことを知っているのに、知らないそぶりをしていること。
エ　M・Tという男性と恋愛関係にあったにもかかわらず、それを隠そうとしていること。
〔　　〕

11 「私」が「手紙をろくろく見ずに」（一三〇・7）読んだのはなぜか。本文中の語句を用いて三十字以内で説明しなさい。

第三段落

12 「あなたと、お別れしようと思った」（一三〇・14）のはなぜだと述べられているか。第三段落中の語句を用いて四十字以内で説明しなさい。

13 「私」が「恥ずかしさ」（一三一・5）を感じたのはなぜか。次から選びなさい。
ア　手紙の差し出し人が本当は誰なのか、妹が見抜いていたから。
イ　手紙を盗み見たことを、妹に知られてしまったから。
ウ　妹を励まそうとして作った和歌が、あまりにも下手だったから。
エ　妹に愛の手紙を書いたことが、急に照れ臭くなったから。
〔　　〕

第四段落（p.132 ℓ.3～p.134 ℓ.2）

14 「青春というものは、ずいぶん大事なものなのよ。」（一三三・15）という言葉には、妹のどういう気持ちがこめられているか。次から選びなさい。
ア　父親に厳格に育てられたおかげで、自分は清らかな少女のまま生涯を終えられるという感謝の思い。
イ　自分の気持ちに正直に生きて、男性と交際するなどしたいことをすればよかったという後悔。
ウ　自分は病気になってしまったが、手紙の中では自分の気持ちを素直に表現できたという満足感。
エ　自分は早死にするけれども、姉には自分の分も人生を楽しんでほしいという願い。
〔　　〕

第五段落（p.134 ℓ.3～終わり）

15 「一世一代の狂言したのではなかろうか」（一三四・7）とはどういうことか。本文中の語句を用いて四十字以内で説明しなさい。

学習目標 登場人物同士の関係や心情を把握しながら読み、「僕」の発言の背景にあるものを理解する。

バグダッドの靴磨き（米原万里）

教科書 p.138〜p.154

検印

漢字

1 太字の仮名を漢字に直しなさい。

① **くちぐせ**〔　〕みたいに言う。（p.138 ℓ.3）
② 何のためかは**ないしょ**〔　〕。（p.138 ℓ.12）
③ **おんしん**〔　〕不通になった。（p.140 ℓ.13）
④ **へいえき**〔　〕検査。（p.140 ℓ.14）
⑤ 母さんに**あやま**〔　〕る。（p.141 ℓ.10）
⑥ **えんまん**〔　〕に断る。（p.142 ℓ.3）
⑦ **しょうたい**〔　〕される。（p.142 ℓ.4）
⑧ 父さんに**ちか**〔　〕った。（p.144 ℓ.1）
⑨ バグダッド**こうがい**〔　〕。（p.144 ℓ.17）
⑩ 瓦礫の中に**とっしん**〔　〕した。（p.145 ℓ.14）
⑪ **かんしょく**〔　〕を思い出す。（p.146 ℓ.6）
⑫ 傷口を**しょうどく**〔　〕する。（p.147 ℓ.17）
⑬ 作戦を**てんかい**〔　〕する。（p.149 ℓ.3）
⑭ **えんかい**〔　〕の準備。（p.151 ℓ.10）
⑮ **ひさん**〔　〕な人生。（p.152 ℓ.1）
⑯ 五十ドル**しへい**〔　〕。（p.152 ℓ.16）
⑰ **ひみつ**〔　〕を教える。（p.153 ℓ.2）

2 太字の漢字の読みを記しなさい。

知識・技能

① 腕のいい**靴**〔　〕職人。（p.138 ℓ.3）
② 金を**稼**〔　〕ぐ。（p.138 ℓ.7）
③ 足を**狙**〔　〕い撃ちした。（p.139 ℓ.7）
④ **風采**〔　〕が上がらない。（p.140 ℓ.10）
⑤ お客さんに**怒鳴**〔　〕られる。（p.141 ℓ.3）
⑥ 自己**嫌悪**〔　〕に襲われる。（p.142 ℓ.17）
⑦ 妹と祖母ちゃんを**託**〔　〕す。（p.143 ℓ.6）
⑧ **瓶**〔　〕の底みたいなレンズ。（p.143 ℓ.6）
⑨ **夢中**〔　〕になって聞く。（p.144 ℓ.13）
⑩ **一目散**〔　〕に走った。（p.145 ℓ.12）
⑪ ご**機嫌**〔　〕になった。（p.146 ℓ.6）
⑫ バグダッドが**陥落**〔　〕する。（p.147 ℓ.13）
⑬ 家の**掃除**〔　〕を引き受ける。（p.148 ℓ.3）
⑭ 母さんの**悲鳴**〔　〕。（p.150 ℓ.1）
⑮ **不穏**〔　〕な物音。（p.151 ℓ.12）
⑯ 涙の**蓄**〔　〕えがない。（p.152 ℓ.7）
⑰ **偽札**〔　〕を取り締まる。（p.152 ℓ.16）

語句

知識・技能

1 次の太字の語句の意味を調べなさい。

① 本好きが**こうじて**古本の露天商をやる。（p.140 ℓ.15）
〔　〕
② 再開するまでの**つなぎ**だ。（p.141 ℓ.2）
〔　〕
③ **本の虫**だった叔父さん。（p.144 ℓ.11）
〔　〕
④ **泣く子も黙る**と言われた監獄。（p.149 ℓ.6）
〔　〕

2 次の空欄にあとから適語を選んで入れなさい。

① 不器用で気が〔　〕。（p.141 ℓ.2）
② 父さんもよく気を〔　〕。（p.141 ℓ.13）
③ 決して気が〔　〕わけではない。（p.142 ℓ.16）
④ 耳を〔　〕。（p.144 ℓ.13）
⑤ テロに手を〔　〕。（p.149 ℓ.2）

（ 焼く　利かない　揉んでいた　晴れる　傾ける ）

3 次の語句を使って短文を作りなさい。

① 関の山（p.147 ℓ.17）
〔　〕

展開の把握

1 次の空欄に本文中の語句を入れて、内容を整理しなさい。

第一段落（初め～ p.139 ℓ.9）	第二段落（p.139 ℓ.10～ p.145 ℓ.4）	第三段落（p.145 ℓ.5～ p.148 ℓ.6）	第四段落（p.148 ℓ.7～ p.151 ℓ.5）	第五段落（p.151 ℓ.6～ p.152 ℓ.12）	第六段落（p.152 ℓ.13～終わり）
現在	回想				現在
アメリカ兵によって足を撃たれた〔ア　〕の少年アフメドは、〔イ　〕ドルを貯めたくて、ジャーナリストを相手に身の上を話し始めた。	戦争が始まる直前に父さんは〔ウ　〕に送られ、僕（アフメド）は祖母ちゃん、母さん、妹二人と暮らしていたが、家に転がり込んできた叔父さんが母さんに夢中であることが嫌だった。	四月二日にアメリカのミサイルが落ちて、〔エ　〕と二人の妹は死んでしまった。四月九日、叔父さんに抱きついて泣き崩れた母さんを見て、僕はその場を飛び出すと、アメリカ兵に〔オ　〕を狙い撃ちされた。叔父さんは僕の世話をしてくれるが僕はいよいよ気難しくなってしまった。	六月のある日、アメリカに対する抵抗組織の〔カ　〕を持ち帰ってしまった僕は逮捕されそうになった。僕の身代わりで連行された叔父さんは、監獄で〔キ　〕によって殺されてしまった。	十一月二十八日、アル・ブアサフ家で〔ク　〕の準備をしていた母さんはアメリカ兵の大がかりな作戦に遭い、殺された。僕は心細かった母さんの気持ちを思いやれなかった自分が〔ケ　〕て涙が枯れるまで泣いた。	今、僕は〔コ　〕で暮らしている。三十ドルを貯めるのは、コルト拳銃を買って、人ではなく〔サ　〕、侵略者を殺すのだ。

2 次の空欄に本文中の語句を入れて、場面設定と登場人物の設定をまとめなさい。　思考力・判断力・表現力

場面設定

場所　〔ア　〕の首都〔イ　〕

登場人物の設定

僕　名前〔ウ　〕
　　年齢〔エ　〕歳
　　職業〔オ　〕

ムニール叔父さん　〔カ　〕の露天商
↓〔キ　〕
母さんに好意を抱く。

母さん　アル・ブアサフ家で〔ク　〕。

父さん　兵隊に取られたあと〔ケ　〕。

主題　思考力・判断力・表現力

●次の空欄に本文中の語句を入れて、全体の主題を整理しなさい。

靴磨きの少年アフメドは、三十ドルを貯めたくて身の上を話し始めた。父は〔ア　〕に送られて消息不明だった。自分はアメリカ兵に右膝を撃たれた。祖母と妹はアメリカの〔イ　〕で死んだ。叔父は自分の身代わりで連行されて殺された。母もアメリカ軍の作戦に巻き込まれて殺された。母を思いやれなかった自分が情けなくて、一生分の〔ウ　〕を流した。三十ドルで〔エ　〕を手に入れ、殺人はしないが、占領者や〔オ　〕を殺すと言った。

内容の理解

思考力・判断力・表現力

第一段落（初め〜p.139 ℓ.9）

1 「えーっ、十ドルも！　……手にするの初めてだもん。」（一三八・9〜10）から読み取れる「アフメド」少年の人物像を、次から選びなさい。

ア　お世辞が上手で大人ぶっているけれども臆病な少年。
イ　話し上手でいろいろなことに興味や関心を持つ聡明な少年。
ウ　子供っぽさと年齢不相応の大人びたところをあわせ持つ少年。
エ　大金を稼ぎたいけれども金銭の価値がまだわからない少年。

〔　　〕

第二段落（p.139 ℓ.10〜p.145 ℓ.4）

2 「僕が長持ちの銅製の取っ手に手を伸ばす」（一三九・13）のはなぜか。四十字以内で説明しなさい。

3 「神様はほんとに不公平だよ。」（一四〇・11）とはどういうことか。その内容を述べた一文を抜き出し、初めと終わりの五字で示しなさい。

〔　　　　　〕〜〔　　　　　〕

4 「何が幸いするか、わからない」（一四〇・12）とはどういうことか。次から選びなさい。

ア　生まれつき体が不自由だったせいで、兵役に取られなかったこと。
イ　読書が大好きだったので、古本の露天商をやることができたこと。
ウ　亡命する人がいたので、本の山を二束三文で買い上げられたこと。
エ　空襲で古本が焼けてしまったが、靴磨きの道具を譲り受けたこと。

〔　　〕

5 「父さんもよく気を揉んでいた。」（一四一・13）のはどういうことに対してか。次から選びなさい。

ア　叔父さんが足が悪くて長く歩けないこと。
イ　叔父さんがいつまでも独身でいること。
ウ　叔父さんが母さんに気があること。
エ　叔父さんがチケットをくれること。

〔　　〕

6 「僕の出番」（一四二・9）とはどういうことか。これを説明した次の文章の空欄にあてはまる語句を、本文中から抜き出して答えなさい。

母さんに気がある叔父さんは、サッカーや映画の〔ア　　〕を入手して誘うが、父さんは理由をつけて〔イ　　〕に断ろうとする。ところが母さんは父さんの〔ウ　　〕をぶち壊すものだから、僕が〔エ　　〕て、そのチケットをもらって叔父さんの企みを失敗に終わらせるのだった。

7 「ムニールさんのおかげで……楽しみになった」（一四四・15）とあるが、その理由を述べた一文を抜き出し、初めと終わりの五字で示しなさい。

〔　　　　　〕〜〔　　　　　〕

第三段落（p.145 ℓ.5〜p.148 ℓ.6）

8 「僕」が「腹立たしかった」（一四六・11）のはなぜか。次から選びなさい。

ア　祖母の頼みを聞かずに外出した自分だけが生き残ったから。
イ　幼い妹までもが戦争の巻き添えになって殺されてしまったから。
ウ　叔父が取り乱すこともなく黙々と片づけをしていたから。
エ　祖母と妹の死を母親に伝えることさえできなかったから。

〔　　〕

9 「それはちゃんと理解できていた」（一四七・5）とあるが、「僕」はどう理解していたのか。次から選びなさい。

ア　母さんが仕事に就くことができて僕が生きていられるのは、叔父さんのおかげだ。
イ　アメリカ軍のミサイルで殺された妹の亡骸を探してくれたのは、叔父さんだけだった。

ウ　祖母と妹を殺されて心細かった母さんには、叔父さんしか頼る人がいないのだ。

エ　僕が家を出てしまえば、母さんは叔父さんと仲よく暮らすことができるはずだ。

〔　　　〕

第三段落（p.145 ℓ.5〜p.148 ℓ.6）

10 **「家を飛び出すことが多くなった」（一四八・6）理由を説明した次の文の空欄にあてはまる語句を、本文中から抜き出して答えなさい。**

アメリカ兵に〔ア　　〕を撃ち抜かれて身体が思うように動かなくなった僕の〔イ　　〕を代わりにしてくれたり、こまめに〔ウ　　〕をしてくれたりする叔父さんに対して、感謝よりも不愉快な感情を抱いてしまい、つらく当たるようになった自分を〔エ　　〕感じていたから。

第四段落（p.148 ℓ.7〜p.151 ℓ.5）

11 **「ハッとした」（一四八・8）とあるが、このときの「僕」の心情として適当なものを次から選びなさい。**

ア　アメリカ軍は本当は僕たちを助けてはくれないのだ。

イ　祖母や妹を殺したアメリカ軍に怒りをぶつけるべきだった。

ウ　自分の足を撃ったアメリカ兵に復讐（ふくしゅう）したい。

エ　アメリカ軍への抵抗組織に入ることは内緒にしておこう。

〔　　　〕

12 **「あれだけひどい仕打ちをした……自分を僕は死ぬまで許せない。」（一五〇・12〜13）以降、叔父さんに対する「僕」の見方は変化している。その見方が端的にわかる表現を、これより後の本文中から十字以内で抜き出しなさい。**

〔　　　　　　　　　　〕

第五段落（p.151 ℓ.6〜p.152 ℓ.12）

13 **「悲惨な人生最後の日々」（一五二・1）を説明する一文を抜き出し、初めと終わりの五字で示しなさい。**

〔　　　　　〕〜〔　　　　　〕

14 **「一生分の涙を使い果たしてしまった」（一五二・7）とあるが、「僕」はどのような気持ちで泣いたのか。次から選びなさい。**

ア　叔父さんが逮捕され拷問で殺されるきっかけになったビラを自分が持ってきてしまったことを悔いる気持ち。

イ　肉親を殺されてしまったうえに最後は自身までもがアメリカ兵に殺されてしまった母親を、哀れに思う気持ち。

ウ　アメリカ軍がバグダッドを占領するまでは美しく陽気だった母親が、最後は老け込んでしまったことを残念に思う気持ち。

エ　肉親を殺されて寂しさや心細さを感じていた母親の心情を思いやることができなかった自分を、情けなく思う気持ち。

〔　　　〕

15 **「どうしてもお金がいるんだ」（一五二・14）とあるが、その理由を二十字以内で答えなさい。**

〔　　　　　　　　　　　　　　　　　　　　〕

第六段落（p.152 ℓ.13〜終わり）

16 **「絶対に人間は殺さないってば。」（一五三・6）という言葉にこめられた「僕」の気持ちについて述べた次の文の空欄にあてはまる語句を、本文中から抜き出して答えなさい。** ▼学習三

僕の話に同情して〔ア　　〕も追加してくれたお客さんに〔イ　　〕を二丁買えると〔ウ　　〕を打ち明け、罪もない人を殺すことなどは考えていないので心配はいらないとお客さんの気持ちを気遣ったが、ただ占領者と〔エ　　〕は〔オ　　〕として認められないという気持ち。

わたしが一番きれいだったとき（茨木のり子）

教科書p.156～p.158　検印

学習目標　詩の構成の意図を考え、過去と後半生に対する「わたし」の心情をつかみ、詩の主題を理解する。

漢字・語句　知識・技能

1 太字の仮名を漢字に直しなさい。

p.157 ℓ.13 ①**きんえん**〔　　〕を破る。
ℓ.14 ②**あま**〔　　〕い音楽。

2 太字の漢字の読みを記しなさい。

p.156 ℓ.2 ①街が**崩**〔　　〕れる。
ℓ.6 ②人が**沢山**〔　　〕死んだ。

3 次の言葉の意味を調べなさい。

p.157 ℓ.5 ①かたくな〔　　〕
ℓ.10 ②卑屈〔　　〕

要点の整理　思考力・判断力・表現力

○次の空欄に詩中の語句を入れて、大意を整理しなさい。

第一連～第四連	戦時中	「わたし」が一番きれいだったとき、第二次世界大戦という大きな社会変動のさなかにあり、〔ア　　〕が沢山死んだ。「わたし」たち若者は〔イ　　〕もできず、〔ウ　　〕も捧げてもらえず、異性とつきあうことも許されないという不本意な青春を送らざるを得なかった。
第五連～第七連	敗戦・戦後	敗戦後、街は民主主義の世の中となり、ラジオからは〔エ　　〕が溢れた。あまりの解放感に、〔オ　　〕と言えるような混乱を来した。
第八連	「わたし」の決意	だから、「わたし」はこれから〔カ　　〕をして、〔キ　　〕のように大人としての長い人生を悔いなく生きようと思っている。

内容の理解　思考力・判断力・表現力

1 「とんでもない……見えたりした」（一五六・3～4）は、どのような様子を表現したものか。説明しなさい。

〔　　〕

2 「わたし」が「おしゃれの……しまった」（一五六・8）のはなぜか。その理由を次から選びなさい。

ア　おしゃれをするような年齢ではなかったから。
イ　戦争中の禁欲生活の中で、おしゃれをする機会がなかったから。
ウ　おしゃれをしようという気がなかったから。
エ　戦争中なので、おしゃれよりも贈物がほしかったから。

〔　　〕

3 「ブラウス……歩いた」（一五七・10）における「わたし」の気持ちを解説した次の文の空欄にあてはまる語を、それぞれ漢字二字で答えなさい。

敗戦を迎えて町は〔ア　　〕な様子に見えるが、「わたし」は〔イ　　〕で奪われた〔ウ　　〕を取り戻そうと〔エ　　〕込んでいる。

4 新傾向　「ね」（一五六・8）の上部の空白の効果として適当なものを次から選びなさい。

ア　作者の強い思いの表れであり、読み手の解釈を制限しようとしている。
イ　読みに時間的な空白をもたらし、その間の語り手の仕草を想起させる。
ウ　作者の翻意を明示的に表している。

〔　　〕

学習目標　ベトナムの平和を願う反戦詩として書かれた背景をふまえ、作品に託された思いを読み取る。

死んだ男の残したものは（谷川俊太郎）

教科書 p.159〜p.161

検印

漢字・語句　知識・技能

1 太字の仮名を漢字に直しなさい。

① ひとりの**つま**〔　　　〕。（p.159 ℓ.2）

② こわれた**じゅう**〔　　　〕。（p.160 ℓ.5）

2 太字の漢字の読みを記しなさい。

① **乾**〔　　　〕いた涙。（p.160 ℓ.1）

② **輝**〔　　　〕く今日。（p.160 ℓ.13）

3 次の表現の意味を本文に即して説明しなさい。

① 何も残さなかった（p.159 ℓ.3）

〔　　　　　　　　　　　〕

② 何も残せなかった（p.160 ℓ.6）

〔　　　　　　　　　　　〕

要点の整理　思考力・判断力・表現力

○次の空欄に詩中の語句を入れて、大意を整理しなさい。

第一連〜第三連	第四連	第五連・第六連
戦争で死んだ男が残したものは、妻と子どもだけで、自分の〔ア　　〕さえ残せなかった。戦争で死んだ女が残したものは、枯らした花と、途方に暮れる子どもだけで、〔イ　　〕の着物一つ残せなかった。爆撃で死んだ子どもが残したものは、ねじれてしまった脚と涙も枯れた深い悲しみだけ。思い出に残す豊かな人生体験もなかった。	死んだ兵士が残したのは、壊れた武器と、破壊され歪んだ〔ウ　　〕の姿だった。	大勢の〔エ　　〕があって、今も生きていることができる私やあなたがあるのだ。戦争の〔オ　　〕が残した教訓を生かして戦争をなくすこと以外に私たちの未来はない。

内容の理解　思考力・判断力・表現力

1 「乾いた涙」（一六〇・1）とは何か。次から選びなさい。

ア　悲しみの涙も乾いてしまった肉体の解放。

イ　悲しみの涙も残せない死の悲惨さ。

ウ　戦争に巻き込まれて負傷した脚の痛み。

エ　幼心に深く刻まれた平和への願い。

〔　　　〕

2 「平和ひとつ残せなかった」（一六〇・7）を説明した次の文の空欄に入る詩句を抜き出しなさい。

〔ア　　　〕を名目に戦争を行ったが、後に残ったものは破壊された武器と〔イ　　　〕にすぎなかったということ。

3 「生きてるわたし生きてるあなた／他には誰も残っていない」（一六〇・9）という詩句は、どういうことを訴えているのか。次から選びなさい。

ア　命を落とした兵士のために、平和の実現を目ざして私たちは戦わなければならないということ。

イ　殺された親子や死んだ兵士の命と同様に、私たちの生命もはかないものだということ。

ウ　戦争で犠牲になった人々のためにも、世界の平和を求めて私たちは生きていくということ。

エ　後に残された私たちは、亡くなった兵士の名誉を守るために行動するということ。

〔　　　〕

4 「死んだ歴史」（一六〇・12）とはどういうことか。二十字以内で答えなさい。

学習目標　対比的に配置された詩の構造を理解し、現代の戦争を描いた表現上の工夫を読み取る。

春―イラクの少女シャミラに（柴田三吉）

教科書p.162～p.164

検印

漢字・語句　知識・技能

1 太字の仮名を漢字に直しなさい。

p.163 ℓ.9 ①失意の**きおく**〔　　〕。

p.163 ℓ.11 ②**こくう**〔　　〕をつかむ。

2 太字の漢字の読みを記しなさい。

p.162 ℓ.10 ①**甘酸**〔　　〕っぱい実。

p.163 ℓ.1 ②**砂漠**〔　　〕にかかる月。

3 次の太字の語句の意味を調べなさい。

p.162 ℓ.4 ①**滑空**する風

〔　　〕

p.162 ℓ.10 ②**鈴なり**にする

〔　　〕

要点の整理　思考力・判断力・表現力

○次の空欄に詩中の語句を入れて、大意を整理しなさい。

この詩は、第一連・第二連が、第四連・第五連と対比的に配置された構成になっている。第一連と第二連は、〔ア　　〕の木が四季を通じて形状を変えながらも、やがて〔イ　　〕を咲かせ〔ウ　　〕を結ぶという生命感を描いている。それに対比して、第四連と第五連は少女〔エ　　〕がアメリカ軍の巡航ミサイルによって〔オ　　〕から先の腕を切断され、愛する家族を〔カ　　〕こともできなくなった悲劇を描いている。ヤマモモの木は切り落とされた枝から〔キ　　〕が芽吹き、陽射しに向けて柔らかな〔ク　　〕を広げることができたが、シャミラの肘からは〔ケ　　〕が生えるわけもなく、つかんでいるのは虚空にすぎないのである。

内容の理解　思考力・判断力・表現力

1 「太い枝も肘のあたりで切り落とされている」（一六三・2）という詩句は、どういう意図で書かれたものか。空欄に入る詩句を抜き出しなさい。　▼学習三

シャミラの〔ア　　〕がトマホークによって〔イ　　〕から〔ウ　　〕されたという第四連の内容と対比させる意図。

2 ①「春になり、その枝からも新芽が伸びてきた」（一六二・6）、②「陽射し」（一六二・7）の詩句と対になる詩句をそれぞれ抜き出しなさい。　▼学習三

①〔　　〕

②〔　　〕

3 「砂漠にかかる月のような瞳」（一六三・1）から受け取れるイメージを選びなさい。　▼学習二

ア　冷酷さ　　イ　冷静さ

ウ　清涼さ　　エ　冷ややかさ　〔　　〕

4 「もう愛するひとを半分しか抱けない」（一六三・2）とあるが、このように言った理由を簡潔に説明しなさい。

〔　　〕

5 「苦い実」（一六三・12）を別の詩句で言い換えなさい。

〔　　〕

学習目標　超現実的な設定を把握し、そこにこめられた寓意について考察する。

棒（安部公房）

教科書 p.166～p.174

検印

漢字

1 太字の仮名を漢字に直しなさい。

① 子供はすぐに**あ**（　　）きる。（p.166 ℓ.5）
② 自分が**むちゅう**（　　）になる。（p.166 ℓ.6）
③ **きけん**（　　）ではない。（p.167 ℓ.3）
④ 体が**ちゅう**（　　）に浮く。（p.167 ℓ.4）
⑤ **ついらく**（　　）し始めた。（p.167 ℓ.5）
⑥ **かわ**（　　）いた音。（p.167 ℓ.10）
⑦ **ぎょうぎ**（　　）よく並ぶ。（p.167 ℓ.13）
⑧ 厳重に**しょばつ**（　　）する。（p.167 ℓ.14）
⑨ 人々は**こうふん**（　　）した。（p.167 ℓ.14）
⑩ 光に**す**（　　）かす。（p.168 ℓ.11）
⑪ **ぶんせき**（　　）と判断。（p.168 ℓ.16）
⑫ **らんぼう**（　　）な扱い。（p.169 ℓ.5）
⑬ **かんしょう**（　　）に浸る。（p.169 ℓ.8）
⑭ **とくしゅ**（　　）な構造。（p.169 ℓ.15）
⑮ **ひょうほん**（　　）室。（p.170 ℓ.12）
⑯ **ちゅうしょう**（　　）的な意味。（p.171 ℓ.14）
⑰ **こうぎ**（　　）で習う。（p.171 ℓ.17）

2 太字の漢字の読みを記しなさい。　知識・技能

① 子供の**守**（　　）をする。（p.166 ℓ.2）
② **通風筒**（　　）の隙間。（p.166 ℓ.4）
③ 必要に**迫**（　　）られる。（p.166 ℓ.12）
④ 歩道の**雑踏**（　　）。（p.167 ℓ.8）
⑤ **跳**（　　）ね返る。（p.167 ℓ.10）
⑥ 入り口の**守衛**（　　）。（p.167 ℓ.13）
⑦ **背丈**（　　）や顔つき。（p.167 ℓ.17）
⑧ **双子**（　　）のようだ。（p.168 ℓ.1）
⑨ 残念そうな**口調**（　　）。（p.168 ℓ.3）
⑩ 緑地帯の**縁**（　　）に座る。（p.168 ℓ.10）
⑪ 唾で**湿**（　　）す。（p.168 ℓ.14）
⑫ **道端**（　　）に捨てる。（p.169 ℓ.4）
⑬ 実に**愉快**（　　）だ。（p.170 ℓ.7）
⑭ **未練**（　　）がましい。（p.170 ℓ.11）
⑮ 法廷で**裁**（　　）く。（p.172 ℓ.1）
⑯ **好都合**（　　）な連中。（p.172 ℓ.7）
⑰ **慈**（　　）しむように見た。（p.172 ℓ.14）

語句

1 次の太字の語句の意味を調べなさい。　知識・技能

① 手すりに**へばりつく**。（p.166 ℓ.7）
（　　）
② **血の気の失せた**小さな顔。（p.167 ℓ.12）
（　　）
③ **未練がましい**態度。（p.170 ℓ.11）
（　　）
④ **申し合わせたように**顔を上げた。（p.171 ℓ.1）
（　　）

2 次の空欄に適語を入れなさい。

①（　　）に迫られてやったことだ。（p.166 ℓ.12）
②（　　）を振り上げて威嚇する。（p.167 ℓ.14）
③ 彼らは双子のように（　　）二つだ。（p.170 ℓ.6）

3 次の語句を使って短文を作りなさい。

① おあつらえ向き（p.168 ℓ.7）
（　　）

展開の把握

1 次の空欄に本文中の語句を入れ、内容を整理しなさい。

段落	区分	内容
第一段落（初め～p.167 ℓ.1）	棒になる前の「私」	むし暑い、ある六月の日曜日、デパートの屋上で子守をしていた「私」は妙に〔ア　　〕、子供たちに腹を立てていた。
第二段落（p.167 ℓ.2～p.167 ℓ.15）	棒になったときの状況	上の子供の声から逃れるように手すりから〔イ　　〕をのりだした「私」は墜落してしまい、その際棒に変身していた。
第三段落（p.167 ℓ.16～p.168 ℓ.17）	棒をめぐる先生と学生の対話	棒になった「私」は、先生と二人の学生の最初の実習の〔ウ　　〕となった。
第四段落（p.169 ℓ.1～p.170 ℓ.10）		二人の学生の討論を受けて、先生は、「私」は生前から棒であって、棒は棒であるという必要十分な〔エ　　〕を出した。
第五段落（p.170 ℓ.11～p.171 ℓ.12）		〔オ　　〕を罰することで存在理由を持つ学生たちは、平凡な棒であっても「私」を裁かねばならなかった。
第六段落（p.171 ℓ.13～p.172 ℓ.11）		〔カ　　〕ことで裁かれる存在である「棒」に対しては、〔キ　　〕にするのが一番の罰であると先生は述べた。
第七段落（p.172 ℓ.12～p.172 ℓ.17）		棒は何を思ったかという学生の質問に先生は答えずに歩き始め、誰かに踏まれた「私」は〔ク　　〕にめり込んだ。
第八段落（p.173 ℓ.1～終わり）	置き去りにされた「私」	「私」は、〔ケ　　〕の中に父親の名を叫んで呼ばなければならない子供が何人いても不思議でないと思った。

2 次の空欄に本文中の語句を入れて、場面設定と登場人物の設定をまとめなさい。 思考力・判断力・表現力

場面設定

駅前のデパートの〔ア　　〕
↓〔イ　　〕から身を乗り出す
↓下の歩道と車道の間に〔ウ　　〕

登場人物の設定

「私」　二人の子供がいる
　　　墜落して〔エ　　〕になる
先生　長身の〔オ　　〕
　　　〔カ　　〕をつけている
二人の学生　まるで〔キ　　〕のように似通っている

主題

●次の空欄に本文中の語句を入れて、全体の主題を整理しなさい。 思考力・判断力・表現力

平凡な男がデパートの屋上から〔ア　　〕して棒に姿を変えた。その棒の存在意義について先生と二人の学生が分析し、〔イ　　〕を決定するという〔ウ　　〕を行う。その展開の中で、棒のように他人に〔エ　　〕れることでしか存在理由を持たない人間は、主体的な判断力を持つことなく、自分の存在理由を認識できずに生きているにすぎないという、疎外された現代人の状況を批判的に描いている。

内容の理解

思考力・判断力・表現力

第一段落（初め～p.167 ℓ.1）

1 「腫れぼったくむくんだような街」（一六六・3）とは、どういう光景か。適当なものを次から選びなさい。

ア　人々が忙しく動き回っていて、あわただしい街の光景。
イ　街のあらゆるものの輪郭がぼやけて見える光景。
ウ　柔らかな日差しに包まれた街の、穏やかな光景。
エ　巨大化したためにさらなる開発が不可能な街の光景。

〔　　〕

2 「少々、後ろめたい楽しみ」（一六六・10）とあるが、「後ろめた」さを感じたのはなぜか。本文中の語句を用いて三十字以内で説明しなさい。

3 「私は妙にいらだたしく」（一六七・1）とあるが、「私」が「いらだたしく」感じたのはなぜか。天候以外の原因で考えられるものを次から選びなさい。

ア　見知らぬ人ばかりが雑踏でひしめき合う、都会への違和感。
イ　仕事に追われて子供の相手もろくにできない、勤労者の悲哀。
ウ　休日も子供につきっきりで世話をしなければならない、父親としての義務感。
エ　同じことの繰り返しにすぎない、日常生活に対する潜在的な不満。

〔　　〕

第二段落（p.167 ℓ.2～p.167 ℓ.15）

4 屋上から落ちて地面に突き刺さった棒を見たときの人々の反応はどうであったか。本文中から二文を抜き出して答えなさい。

〔　　〕
〔　　〕

第三段落（p.167 ℓ.16～p.168 ℓ.17）

5 「その学生は三人連れで……今一人は彼らの先生らしかった。」（一六七・16～17）とあるが、学生と先生の会話から、先生がどういう人物であると読み取れるか。次から選びなさい。

ア　朗らかで誠実だが、意志の弱い人物。
イ　穏やかでもの静かだが、虚栄心の強い人物。
ウ　頑固で偏屈なうえ、執念深い人物。
エ　悲観的・厭世（えんせい）的なうえ、無気力な人物。

〔　　〕

6 「最初の実習」（一六八・7）とは、棒を使って何をしようとしているのか。本文中の語句を用いて二十五字以内で説明しなさい。

第四段落（p.169 ℓ.1～p.170 ℓ.10）

7 「『幾分、感傷的になりすぎているようだね。』と先生が微笑を含んだ声で言った。」（一六九・8）とあるが、先生は右側の学生にどのようなことをしようとしているのか。次から選びなさい。

ア　棒を客観的に観察したうえで、虚構的な表現を用いて批評した点を評価している。
イ　棒を道具としての観点のみで分析して、人間性を無視している点を批判している。
ウ　棒を好意的にとらえようとして、棒に心情を移入しすぎている点をいさめようとしている。
エ　棒を利便性だけで判断していて、ものとしての存在意義を忘れている点を注意している。

〔　　〕

8 「特殊化していない」（一六九・15）とは、どういうことか。わかりやすく説明しなさい。

〔　　　　〕

第四段落（p.169 ℓ.1～p.170 ℓ.10）

9 **「同じこと」（一七〇・7）とはどういうことかについて説明した次の文章の空欄にあてはまる語句を、本文中から抜き出して答えなさい。** ▼脚問4

棒の〔ア　　〕は他のものによって〔イ　　〕されることにあるということ。

10 **「つまりこの男は棒だったということになる。」（一七〇・8）とあるが、生前「私」はどういう人間であったのか。次から選びなさい。**

ア　温厚で我慢強い人間。　イ　無邪気で飾り気がない人間。
ウ　適応力が乏しい人間。　エ　誠実だがありふれた人間。〔　　〕

第五段落（p.170 ℓ.11～p.171 ℓ.12）

11 **「申し合わせたように顔を上げて周囲の雑踏を見回した。」（一七一・1）とあるが、二人の学生はなぜそうしたのか。次から選びなさい。**

ア　周囲の人間がすべて棒になるものと思ってしまい、驚いたから。
イ　先生が二人の対話を無視するような発言を突然したから。
ウ　珍しいからといって必ずしも標本にならないと気づいたから。
エ　世間には棒が至る所に隠れていることがわかったから。〔　　〕

12 **「量的な意味よりも、むしろ質的な意味で」（一七一・3）棒がありふれたものであるというのはどういうことか。本文中の語句を用いて二十五字以内で説明しなさい。**

〔　　　　　　　　　　　　　〕

13 **「さて、それでは、どういう刑罰が適当だろうかな?」（一七一・12）とあるが、先生はどういう刑罰が適当だと考えているか。「～こと。」に続く形で本文中から七字で抜き出しなさい。**

〔　　　　　　　〕こと。

14 **「人間の数に比べて、我々の数はきわめて少ない。」（一七二・4）とあるが、「我々」とは、どういうものか。次から選びなさい。**

ア　不死の人間　イ　死人を裁く者
ウ　裁かれる死者　エ　全部の死人〔　　〕

第六段落～第八段落（p.171 ℓ.13～終わり）

15 新傾向 **「裁かぬことによって裁いたことになる」（一七二・6）について、四人の生徒が話し合っている。適当でないものを選びなさい。** ▼学習二

生徒A：「裁かぬこと」というのは、そのまま棒として置きざりにされるということだよね。

生徒B：そうだね。一方で「棒」はあくまで人によって使われることでしか価値がなく、人間としての本来的なあり方とは異なる、という点で「裁いたことになる」と言えるんだろうな。

生徒C：「裁かない」というのは「裁くに値しない」ということでもあるから、結果的に厳しい評価が下されているわけだよね。

生徒D：「棒」として主体的な生き方をつかむよう期待が込められた裁きのようにも感じられるな。

生徒〔　　〕

全体

16 **作者はこの小説でどういうことを主張したかったと考えられるか。次から選びなさい。** ▼学習四

ア　現代社会が持つ矛盾や不条理、人間疎外の状況を見据えておくことが大切であるということ。
イ　現代社会は一切が虚構であり、その背後にある醜悪さから目を逸らしてはならないということ。
ウ　現代社会において必要とされるのは、人間の精神文化の充実であるということ。
エ　現代社会で生きていくためには、雑踏の中に紛れ込むことが必要であるということ。〔　　〕

骰子の七の目（恩田陸）

学習目標 作中世界の異常さを意識して、小説にこめられた批判精神を読み取る。

教科書 p.176〜p.187

検印

漢字　知識・技能

1 太字の仮名を漢字に改めなさい。

① **たいこ**〔　　〕をたたく。（p.176 上ℓ.10）
② **しんせき**〔　　〕の誰かが話す。（p.176 下ℓ.5）
③ 同じ話の**こうぞう**〔　　〕。（p.176 下ℓ.9）
④ **いあつ**〔　　〕的でない。（p.177 下ℓ.1）
⑤ 知的な雰囲気が**ただよ**〔　　〕う。（p.177 下ℓ.2）
⑥ 風景に**にご**〔　　〕りがある。（p.177 下ℓ.9）
⑦ 天井の**しょうめい**〔　　〕が点（つ）く。（p.178 下ℓ.8）
⑧ **けいたい**〔　　〕電話。（p.179 上ℓ.12）
⑨ **かんだい**〔　　〕な笑み。（p.181 下ℓ.2）
⑩ 人類の叡智（えいち）の**けっしょう**〔　　〕。（p.181 下ℓ.6）
⑪ 技術を**しょうさん**〔　　〕する。（p.181 下ℓ.15）
⑫ 表情を**つくろ**〔　　〕う。（p.182 下ℓ.10）
⑬ **いげん**〔　　〕のある声。（p.183 下ℓ.7）
⑭ パニックに**おちい**〔　　〕った。（p.184 下ℓ.4）
⑮ 会議の**じゃま**〔　　〕をする。（p.184 下ℓ.14）
⑯ 違反で**たいほ**〔　　〕する。（p.185 下ℓ.15）
⑰ 思考能力を**ていし**〔　　〕する。（p.186 上ℓ.8）

2 太字の漢字の読みを記しなさい。

① ひどく**憂鬱**〔　　〕になる。（p.176 上ℓ.12）
② 林間学校の**催**〔　　〕し。（p.176 下ℓ.5）
③ **会釈**〔　　〕しながら席に着く。（p.177 上ℓ.12）
④ **下手**〔　　〕すると気づかない。（p.178 上ℓ.5）
⑤ **頓着**〔　　〕せずに座る。（p.178 下ℓ.5）
⑥ **縁**〔　　〕なし眼鏡。（p.179 上ℓ.9）
⑦ **和**〔　　〕やかな笑い声。（p.180 上ℓ.2）
⑧ **艶然**〔　　〕とした笑み。（p.181 下ℓ.11）
⑨ 古い**細工**〔　　〕を愛（め）でる。（p.182 上ℓ.1）
⑩ 囁（ささや）きが**交**〔　　〕わされる。（p.182 上ℓ.16）
⑪ 音楽を**奏**〔　　〕でる。（p.183 上ℓ.4）
⑫ 一か所に**集**〔　　〕う。（p.183 上ℓ.7）
⑬ 外が**不穏**〔　　〕にざわめく。（p.183 下ℓ.1）
⑭ 不安に**陥**〔　　〕れる。（p.185 上ℓ.3）
⑮ **扇動**〔　　〕行為を許さない。（p.186 上ℓ.7）
⑯ 逃げ**惑**〔　　〕い始める。（p.186 上ℓ.16）
⑰ **納得**〔　　〕したい。（p.186 下ℓ.3）

語句　知識・技能

1 次の太字の語句の意味を調べなさい。

① **眉をひそめて**頷（うなず）く。（p.178 上ℓ.15）
〔　　〕
② 同じ「時計」という**土俵に上がる**。（p.179 下ℓ.9）
〔　　〕
③ **冷や水を浴びせられたような**表情。（p.182 下ℓ.9）
〔　　〕
④ **台なしにされる**。（p.184 下ℓ.16）
〔　　〕

2 次の空欄に漢字を入れて四字熟語を完成させなさい。

① □同□異　〔　〕〔　〕（p.179 下ℓ.1）
② 言語□□　〔　〕〔　〕（p.181 下ℓ.15）
③ □者択□　〔　〕〔　〕（p.183 上ℓ.14）

3 次の語句を使って短文を作りなさい。

① 相槌（あいづち）を打つ（p.180 下ℓ.6）
〔　　〕
② 助け船を出す（p.182 下ℓ.18）
〔　　〕

展開の把握

1 次の空欄に本文中の語句を入れて、内容を整理しなさい。

段落	見出し	内容
第一段落（初め～ p.176下 ℓ.11）	ガムランが呼び起こす重要な何か	スタジオに急ごうと、渋谷ロフトの前を通ったとき、エコーのかかった〔　ア　〕と低音の太鼓のリズムが聞こえてきて、子供のころに聞いた、泉に〔　イ　〕を落とした樵の童話を思い出した。
第二段落（p.176下 ℓ.13～ p.179上 ℓ.3）	公開戦略会議	月に一度の〔　ウ　〕会議には、都民の良識とでも言うべき人たちが集まる。ところが、今日は見覚えのない若い女が〔　エ　〕のように座っていた。会議が始まりにこやかな顔がモニターに映し出されるなか、若い女の顔があることで、良識ある会議が〔　オ　〕気がした。
第三段落（p.179上 ℓ.5～ p.182下 ℓ.2）	討論「柱時計か、腕時計か」	今日は「柱時計か、腕時計か」というテーマであった。城間さんと妹尾さんの意見に同意する御殿場さん、会議に必要な〔　カ　〕意見を述べる忠津さんの意見を聞きながら、私は喜びを感じつつ、みんなで正しい判断を共有して、〔　キ　〕ある結論に達しようとする瞬間を好ましく思っていた。
第四段落（p.182下 ℓ.4～ p.185上 ℓ.12）	女の反論	突然、「どちらでもいい」という冷たくて〔　ク　〕のない声が響いた。続けて「二者択一」を否定する声にスタジオの内外に不安が広がった。私はみんなを〔　ケ　〕させようと、選択することが良識だと訴えたが、無表情な女の冷たい声が三たび響き、人々は〔　コ　〕に陥った。私は会議を台なしにされた怒りと〔　サ　〕を感じた。突然女がサイコロを転がした。
第五段落（p.185上 ℓ.14～終わり）	二者択一を扇動する罪	女は〔　シ　〕には「見えない七の影」があると言った。そして、人々の〔　ス　〕を停止に追い込み、二者択一できないものを切り捨てるよう〔　セ　〕したとして、私をプロパガンダ法違反で逮捕すると言った。

2 次の空欄に本文中の語句を入れて、場面設定と登場人物の設定をまとめなさい。 思考力・判断力・表現力

場面設定

戦略会議
- 場所　〔　ア　〕にあるスタジオ
- 頻度　〔　イ　〕に一回
- 観客　外に並ぶ人々・ケーブルTVで生中継

登場人物の設定

「私」
若月教授、城間さん、御殿場さん、忠津さん、妹尾さん
〔　ウ　〕ある人々
若い女　能面のように〔　エ　〕な感じ

主題

思考力・判断力・表現力

●次の空欄に本文中の語句を入れて、全体の主題を整理しなさい。

月に一度の戦略会議の日に集まる都民の〔　ア　〕と言うべき人たちの中に、いつもと違う影のような女が出席していた。柱時計か腕時計かという〔　イ　〕のテーマについてみんなで正しい判断を〔　ウ　〕して良識ある結論に達しようとしたとき、二者択一を否定する女の声が響き、私は会議を〔　エ　〕にされた〔　オ　〕と屈辱を感じた。女は突然サイコロを転がし、サイコロには見えない〔　カ　〕があると言った。そして私をプロパガンダ法違反で〔　キ　〕すると言った。

内容の理解

思考力・判断力・表現力

第一段落（初め〜p.176下ℓ.11）

1 **「いつも何かを思い出しそうになる。」**（一七六・上4）**とあるが、このときは何を思い出したか。一文で抜き出し、初めと終わりの五字で示しなさい。**

〔　　　　　〕〜〔　　　　　〕

第二段落（p.176下ℓ.13〜p.179上ℓ.3）

2 **「早足で坂道を登る」**（一七七・上3）**「私」の心情として適当なものを、次から選びなさい。**

ア　忘れていた童話を思い出したので、会議のメンバーに早く知らせたい。

イ　月に一度の戦略会議を期待して見ている人たちに、自分の姿を見せて安心させたい。

ウ　都民の良識というべき戦略会議のメンバーに早く合流して、良識ある結論を出したい。

エ　今日の会議にはいつもと異なるメンバーがいるので、早めに着いて相手を見定めたい。

〔　　〕

3 **「いつものメンバー」**（一七七・上7）**とはどういう人たちか。本文中から三十字以内で抜き出し、初めと終わりの五字で示しなさい。**

〔　　　　　〕〜〔　　　　　〕

4 **「いつもの風景に濁りがある」**（一七七・下9）**と感じたのはなぜか。本文中の語句を用いて十五字以内で答えなさい。**

〔　　　　　　　　　　　　　　　〕

5 **「私」が「なんとなく不快な気分になった」**（一七八・下18）**のはなぜか。次から選びなさい。**

ア　影のような若い女の存在で、会議が汚された気がしたから。

イ　私たちの承諾も得ずに、若い女が新メンバーになっていたから。

ウ　若い女の表情にテレビ中継にふさわしい笑みがないから。

エ　私たちの落ち着きに比べて女の若さが会議にそぐわないから。

〔　　〕

第三段落（p.179上ℓ.5〜p.182下ℓ.2）

6 **「腕時計」と「携帯電話」、「柱時計」と「腕時計」というテーマの違いをまとめた次の文章の空欄にあてはまる語句を、本文中から抜き出して答えなさい。**

「腕時計」と「携帯電話」をテーマにした場合、〔ア　　〕ことが論点になり、存在意義には時計と〔イ　　〕という相違があった。「柱時計」と「腕時計」は〔ウ　　〕という共通した機能を持ちつつ、いつも同じ場所にある存在と〔エ　　〕な存在という違いがあることから議論が発展していくことになる。

7 **「問題」**（一七九・下11）**とはどういうことか。次から選びなさい。**

ア　同じ位置から動かない柱時計とポータブルな腕時計とでは、存在そのものに違いがあるということ。

イ　家庭の中心にあって時間を計る柱時計は家族を象徴し、腕時計は個人を象徴しているということ。

ウ　柱時計は生活に密着しているが、腕時計はファッションと同じで機能性はないということ。

エ　柱時計はみんなで使う質素なものだが腕時計は贅沢なものなので、他人の時計を欲しくなることがあるということ。

〔　　〕

8 **「城間さん」「妹尾さん」が「柱時計」を推す理由をそれぞれ次から選びなさい。**

ア　家庭の中でいつも同じ場所にあって、時を刻んでいるから。

イ　家族の中心にあって、安心感を生み出しているから。

ウ　生活のリズムを作り、規則正しい生活を支えるから。

エ　技術の進歩とともに、モノを大切にする心を育てるから。

城間さん〔　　〕　妹尾さん〔　　〕

第三段落（p.179上ℓ.5～p.182下ℓ.2）

9 **「私は寛大な笑みを浮かべ」**（一八一・下2）**たとあるが、それはなぜか。次から選びなさい。**

ア　柱時計を推す二人の意見に物足りなさを感じつつも、聴衆の人たちが頷く様子に対しては満足できたから。
イ　柱時計を肯定する意見に反論したかったときに、忠津さんが腕時計を推す意見を出してくれたから。
ウ　意見が一方的にならないほうが会議の進行上好ましいと思っていたときに、タイミングよく反対意見が出たから。
エ　忠津さんが、「時を身に着ける」というロマンチックな言い回しで腕時計を推薦してくれたから。

〔　　〕

10 **会議のメンバーは「柱時計」をどういうことの象徴として捉えているか。本文中の語句を用いて二十字程度で説明しなさい。**

11 **「妹尾さん」にとって「一人一人が腕時計を持つ」**（一八二・上10）**とは、どういうことだと考えられているのか。次から選びなさい。**

ア　身分不相応な品物を欲しがること。
イ　職人の技術や美意識を継承すること。
ウ　見た目に気を取られて非行に走ること。
エ　生活の中で自分の時間を優先すること。

〔　　〕

第四段落（p.182下ℓ.4～p.185上ℓ.12）

12 **「私たちの平和」**（一八三・上12）**とは、どういう状態か。本文中の語句を用いて三十字以内で説明しなさい。**

13 **「いけません。」**（一八三・下6）**と「私」が言ったのはなぜか。次から選びなさい。**

ア　みんなが同じものを見たからといって、必ずしも同じことを感じるとは限らないと心の奥では思っていたから。
イ　スタジオを見ていた外の人たちに広がっていた不安を静めようと思ったから。
ウ　選択することで自主性や判断力が育ち、良識ある暮らしが送れるようになることを正しいと考えているから。
エ　会議の中で今までずっと自分の意見は言わなかったので、最後に威厳を示しておきたかったから。

〔　　〕

第四段落（p.182下ℓ.4～p.185上ℓ.12）

14 **「平和な社会生活」**（一八四・下15）**とはどういう生活か。第五段落中の語句を用いて三十字以内で説明しなさい。**

第五段落（p.185上ℓ.14～終わり）

15 **「見えない七の国」**（一八五・下7）**という言葉が象徴していることは何か。次から選びなさい。** ▼学習四

ア　選択肢にとらわれない自由な発想。
イ　選択されなかった少数派の意見。
ウ　表と裏の関係ですべて表すことのできる世の中。
エ　二者択一の選択肢の陰に隠れているものの存在。

〔　　〕

16 **「こんなにもわかりやすい、こんなにも人々の喜ぶ行為」**（一八六・上14）**のどういった点が罪になるのか。本文中の語句を用いて四十五字以内で説明しなさい。**

学習目標 詩の構成やリズム、比喩の効果に注目して、「夢」をめぐる「私」の心情を読み取る。

のちのおもひに（立原道造）

教科書p.190〜p.191

検印

漢字・語句　知識・技能

1 太字の仮名を漢字に直しなさい。

p.190 ℓ.5 ①火山が**ねむ**〔　　〕る。

p.191 ℓ.3 ②**ついおく**〔　　〕にふける。

2 太字の漢字の読みを記しなさい。

p.190 ℓ.7 ①**岬**〔　　〕を語る。

p.191 ℓ.3 ②真冬に**凍**〔　　〕る。

3 次の言葉の意味を調べなさい。

p.191 ℓ.3 ①追憶〔　　〕

ℓ.4 ②寂寥（せきりょう）〔　　〕

要点の整理　思考力・判断力・表現力

○次の空欄に詩中の語句を入れて、大意を整理しなさい。

第一連	〔ア　　〕はいつも山の麓のさびしい村にかえっていった。
第二連	空に陽がてり、火山は眠っていた。私は、見て来たものをだれもきいていないのに〔イ　　〕つづけた。
第三連	夢はその先には行かない。なにもかも〔ウ　　〕果てようとおもった。
第四連	夢は真冬の〔エ　　〕のうちに凍り、〔オ　　〕にてらされた道を過ぎ去るだろう。

内容の理解　思考力・判断力・表現力　▼学習一

1 この詩の形式を答えなさい。

〔　　〕

2 なぜ「さびしい」（一九〇・1）「しづまりかへつた」（一九〇・4）村なのか。次から選びなさい。

ア　にぎやかな季節が去ったから。

イ　幼心にもせつなく感じていたから。

ウ　懐かしい思い出の村だから。

エ　悲しい思い出が秘められていたから。

〔　　〕

3 作者がこれまでに見てきたいろいろのことを、第二連から抜き出しなさい。

〔　　〕

4 「夢は　そのさきには　もうゆかない」（一九〇・9）のは、何がその先を遮っているのか、次から選びなさい。

ア　過去を忘れきれない青年の未熟さ。

イ　失われたものに対する寂寥。

ウ　人々の無理解を許せない心。

エ　夢を追うのは不可能だと諦めざるを得ない心。

〔　　〕

5 詩の中で、「私」の孤独な思いが最もよくうかがわれる語句を抜き出しなさい。

〔　　〕

学習目標　詩の構成を理解し、比喩表現が示す内容をつかみながら、作品にこめられた批判意識を読み取る。

足と心（中桐雅夫）

教科書p.192〜p.193

検印

漢字・語句　知識・技能

1 太字の仮名を漢字に直しなさい。

p.192 ℓ.8　①**するど**〔　　〕い針。
p.193 ℓ.3　②**えんぴつ**〔　　〕のしん。

2 太字の漢字の読みを記しなさい。

p.193 ℓ.2　①**軽石**〔　　〕でこする。
p.193 ℓ.5　②どこで**迷**〔　　〕っているのか。

3 次の言葉の意味を調べなさい。

p.193 ℓ.1　①こそばゆい
〔　　　　　　　　〕
p.193 ℓ.2　②軽石
〔　　　　　　　　〕

要点の整理　思考力・判断力・表現力

○次の空欄に詩中の語句を入れて、大意を整理しなさい。

連	内容
第一連	海はいいという少年に対して、少女は海とは違う何か別のものがこわかった。
第二連	それから二人は互いに人生という道を歩きながら大人になり、その間に〔ア　　〕の〔　　〕ような試練の上を幾度も歩いた。その結果、足も心も〔イ　　〕なって、どんな〔ウ　　〕も刺さらないようになった。
第三連	少年少女のころ、柔らかくて〔エ　　〕ですらこそばゆく感じた足は、今は〔オ　　〕で磨かなければならないほど厚く鈍くなっている。
第四連	とがった〔カ　　〕のしんで突かれても、薄く血がにじんだやさしい幼い心は、今やどこに迷っているのだろうか。

内容の理解　思考力・判断力・表現力

1 「とげもどんな鋭い針も通らないようになった」（一九二・8）とは、「ふたりの心」がどのようになったことを意味しているのか。説明しなさい。

〔　　　　　　　　〕

2 第三連の「やわらかな足裏」（一九三・1）の意味として適当なものを次から選びなさい。

ア　傷つきやすい心
イ　堅実な足取り
ウ　小さな歩み
エ　はじらいの心

〔　　〕

3 第四連の「とがった……やさしい心」（一九三・3〜4）とは、「幼い心」がどのようであったことを意味しているのか。説明しなさい。

〔　　　　　　　　〕

4 第四連の「ああ、あの幼い心はどこで迷っているのだろう」（一九三・5）には、どのような心情がこめられているのか。次から選びなさい。

ア　失った「幼い心」に対する懐かしさ。
イ　「幼い心」を失ったことに対する嘆き。
ウ　「幼い心」を失ったことに対する反省。
エ　「幼い心」を失った腹立たしさ。

〔　　〕

学習目標　比喩や平易な言葉にこめられた固有の意味を理解し、詩に託されたメッセージを読み取る。

ちがう人間ですよ（長谷川龍生）

教科書 p.194～p.196

検印

漢字・語句　知識・技能

1 太字の仮名を漢字に直しなさい。

p.194 ℓ.9 ①**そうご**［　　］に重なる。

p.195 ℓ.14 ②**はいご**［　　］にあるちがい。

2 太字の漢字の読みを記しなさい。

p.195 ℓ.9 ①**居住**［　　］地。

ℓ.9 ②**籍**［　　］を置く。

3 次の言葉の意味を調べなさい。

p.195 ℓ.9 ①籍を置く［　　］

ℓ.13 ②おうむがえし［　　］

要点の整理　思考力・判断力・表現力

○次の空欄に詩中の語句を入れて、大意を整理しなさい。

我々は言語を用いて他者を理解し［ア　　］し合うと同時に、自己と他者との差異を主張している。同じ［イ　　］を共有する集団の中にいると、人はそれぞれ［ウ　　］であるということを忘れてしまって、成員はみな同一の価値観を持っていて同じように思考すると考えてしまいがちである。しかし、実際には人間はそれぞれ異なる［エ　　］や［オ　　］を持っており、そうした差異があるからこそ言語によるコミュニケーションも必要なのである。このことを認めれば、差異を主張する人間に対して［カ　　］や殺意を抱くことは起こらないのである。

内容の理解　思考力・判断力・表現力

1 「大きく重なりながら離れようとしている」（一九四・10）とはどういうことか。次から選びなさい。

ア　人間としての共通感情はあるものの、個人として自立していること。

イ　共同体に所属しているという意識はあるが、同時に孤立感を抱いていること。

ウ　性格的に似ているのを認め合いながら、心情的には合わないと思っていること。

エ　互いに励まし合いながらも、ライバル意識を持ち続けていること。

［　　］

2 「同じ居住地」（一九五・9）とはどのようなことをたとえているか。説明しなさい。

［　　］

3 作者は詩の中で、個性を押し殺すことで成り立つ表面的な理解のことを、何と言っているか。詩中から七字で抜き出しなさい。

4 作者が「ちがう人間ですよ」と主張するのはなぜか。理由を説明した次の文の空欄にあてはまる語句を、詩中から抜き出して答えなさい。

ちがう人間であることを忘れると［ア　　］や［イ　　］が起こるから。

学習目標　「わからない」ことの捉え方から筆者の仕事に対する思いを理解する。

わからないからおもしろい（木内昇）

教科書 p.198～p.203

検印

漢字

知識・技能

1 太字の仮名を漢字に直しなさい。

① 手を**にぎ**〔　　〕る。（p.198 ℓ.4）
② 上司に**こうぎ**〔　　〕する。（p.198 ℓ.5）
③ **そくざ**〔　　〕に答える。（p.198 ℓ.8）
④ ひどく**きょうしゅく**〔　　〕した。（p.198 ℓ.8）
⑤ **しゅうれん**〔　　〕を積む。（p.199 ℓ.8）
⑥ **どうよう**〔　　〕を抑える。（p.199 ℓ.10）
⑦ **おくそく**〔　　〕で物を言う。（p.199 ℓ.13）
⑧ 事情を**こうりょ**〔　　〕する。（p.200 ℓ.7）
⑨ 道を**きわ**〔　　〕める。（p.200 ℓ.14）
⑩ 説明を**ほそく**〔　　〕する。（p.200 ℓ.14）
⑪ **いんしょう**〔　　〕的な場面。（p.201 ℓ.2）
⑫ 失敗は**さ**〔　　〕けたい。（p.201 ℓ.5）
⑬ 深い**こうさつ**〔　　〕を加える。（p.201 ℓ.9）
⑭ 荷物の中に**まぎ**〔　　〕れ込む。（p.201 ℓ.11）
⑮ **ゆうぜん**〔　　〕と歩く。（p.201 ℓ.13）
⑯ **どうひょう**〔　　〕を頼りに進む。（p.201 ℓ.14）
⑰ 電気**きき**〔　　〕に詳しい。（p.202 ℓ.4）

2 太字の漢字の読みを記しなさい。

① **扇子**〔　　〕であおぐ。（p.198 ℓ.10）
② **濁**〔　　〕った水。（p.199 ℓ.1）
③ 興味深いひと**幕**〔　　〕だった。（p.199 ℓ.3）
④ **精魂**〔　　〕をこめる。（p.199 ℓ.3）
⑤ 薬を**煎**〔　　〕じる。（p.199 ℓ.7）
⑥ **短絡**〔　　〕的な発想だ。（p.199 ℓ.12）
⑦ 事業に**携**〔　　〕わる。（p.199 ℓ.14）
⑧ **需要**〔　　〕と供給。（p.199 ℓ.14）
⑨ 二人の見解が**合致**〔　　〕する。（p.199 ℓ.14）
⑩ **創意**〔　　〕に富む。（p.200 ℓ.1）
⑪ 座右の**銘**〔　　〕。（p.200 ℓ.7）
⑫ 手間を**省**〔　　〕く。（p.201 ℓ.6）
⑬ 学業を**怠**〔　　〕る。（p.201 ℓ.9）
⑭ **至難**〔　　〕の業だ。（p.201 ℓ.10）
⑮ **悟**〔　　〕りを開く。（p.201 ℓ.12）
⑯ **懸命**〔　　〕に努力する。（p.201 ℓ.14）
⑰ **至高**〔　　〕のぜいたく。（p.202 ℓ.7）

語句

知識・技能

1 次の太字の語句の意味を調べなさい。

① **短絡**的な判断。（p.199 ℓ.12）
〔　　　　〕
② 一見**些末**（さまつ）に思える雑用。（p.201 ℓ.7）
〔　　　　〕

2 次の空欄に適当な漢数字を入れなさい。

① 大声で〔　　〕喝した。（p.198 ℓ.8）
② 苦しまぎれの〔　　〕席をぶった。（p.199 ℓ.1）
③ 〔　　〕の五の言わずに小説を読む。（p.199 ℓ.6）
④ 煎じ詰めてこの形に行き着いたのであって悔いも〔　　〕言もない。（p.199 ℓ.7）

3 次の語句を使って短文を作りなさい。

① お茶を濁す（p.199 ℓ.1）
〔　　　　〕
② くだを巻く（p.200 ℓ.10）
〔　　　　〕
③ おもねる（p.200 ℓ.2）
〔　　　　〕

展開の把握

1 次の空欄に本文中の語句を入れて、内容を整理しなさい。 思考力・判断力・表現力

第一段落 （初め〜 p.199 ℓ.1）	第二段落 （p.199 ℓ.2〜 p.200 ℓ.9）	第三段落 （p.200 ℓ.10〜 p.201 ℓ.11）	第四段落 （p.201 ℓ.12〜終わり）
トークショーにて、ある青年の発言 →「この本は難しかった。次はもっと〔ア　　〕でわかりやすい内容にしてほしい」 ↓〔イ　　〕が青年を一喝→恐縮した筆者は江戸の奇術の話でお茶を濁す	筆者の思い ①日ごろから小説を読んだらどうだ ②煎じ詰めてこの形に行き着いたので〔ウ　　〕も二言もない ③もっと〔エ　　〕すれば多くに届かせることができるかもしれない ②の生産者としての意志と③の〔オ　　〕流通上の配慮の間で揺れるのが仕事人の日々	その道を極めた方々…「あなたにとって仕事とは」と聞かれ「わからない」と答える ↓楽しげな表情で「やればやるほどその先にあるものが見えてわからなくなる」 ・すぐに〔カ　　〕を出したい　↓必死で平坦な近道を探す ⇐しかし ・道を省くと〔キ　　〕が出る　↑後で拾いに戻るのは至難の業	かつてはスパッと言い切れるものが好きで、〔ク　　〕としている人に憧れた ↓社会に出て二十余年 道標はない・努力は報われない↓明快な答えにたどり着けない 人はわからないから考え、想像し、工夫をし、〔ケ　　〕する ＝自分の仕事の〔コ　　〕を見定めようと目を凝らす わからないということ＝奥行きある〔サ　　〕に身を置いている証 わからないものにおもしろがって関わっていけること ↓仕事をするうえで至高の〔シ　　〕であり、幸せなのではないか

主題

1 次の空欄に本文中の語句を入れて、全体の主題を整理しなさい。 思考力・判断力・表現力

生産者としての意志と商品流通上の配慮の間で揺れ動きつつ、〔ア　　〕を見いだそうとするのが仕事人の日々だろう。仕事とはやればやるほどその先が見えて〔イ　　〕がない。失敗や苦労を避けて〔ウ　　〕を省けば取りこぼしが出る。いくら経験を積んでも明快な〔エ　　〕にたどり着けずもどかしいが、人はわからないからこそ〔オ　　〕を見定めようとして成長する。〔カ　　〕ものに関わっていけることがぜいたくであり幸せなのではないか。

2 右を参考にして、主題を百字以内にまとめなさい。

内容の理解

思考力・判断力・表現力

第一段落（初め〜p.199 ℓ.1）

1 **「私は不快も覚えず」**（一九六・7）**とあるが、筆者はなぜ不快にならなかったのか。本文中の語句を用いて三十五字以内で説明しなさい。**

2 **「即座に一喝したのでかえって恐縮し」**（一九六・8）**について、次の問いに答えなさい。**

(1) **「即座に一喝した」の意味として適当なものを、次から選びなさい。**

ア　間髪入れず反論したということ。
イ　すぐに大声で叱りつけたということ。
ウ　座ったままで厳しく指導したということ。
エ　驚いてとっさに声を上げたということ。
〔　　〕

(2) **ここでの筆者の心情として適当なものを、次から選びなさい。**

ア　司会者の叱責を自分に対するもののように感じ、おびえる心情。
イ　青年の発言にいち早く反応した司会者に、恐れ入る心情。
ウ　自分に気を遣ってくれた司会者に対し、申し訳なく思う心情。
エ　発言した青年が聴衆の面前で叱られ、気の毒に思う心情。
〔　　〕

3 **筆者が江戸の奇術「『胡蝶の舞』」**（一九六・9）**の話をしたのはなぜだと考えられるか。次から選びなさい。** ▼脚問1

ア　小説から何らかの感銘を受けるか否かには、読者の力量も関わっているということを、婉曲（えんきょく）に主張するため。
イ　司会者の一喝によって会場の雰囲気が緊張したので、青年の発言とは無関係な話を持ち出して、聴衆の気をそらすため。
ウ　トークショーの流れが思いがけない方向へ展開したことに対する内心の動揺をごまかして、余裕があるふりをするため。
エ　青年の発言を不快に感じたわけではなかったので、気分を害したわけではないと青年や聴衆に伝えるため。
〔　　〕

第二段落（p.199 ℓ.2〜p.200 ℓ.9）

4 **「別の観点」**（一九九・2）**について説明した次の文章の空欄にあてはまる語句を、本文中から抜き出して答えなさい。**

小説も〔　①　〕の一つと捉え、トークショーでの青年の発言を〔　②　〕の意見とみる観点。

①
②

5 **「面と向かって否定された動揺」**（一九九・10）**とあるが、何を否定されたのか。本文中から十五字で抜き出しなさい。**

6 **「生産者としての意志」**（一九九・11）**を言い換えている部分を、本文中から十五字程度で抜き出しなさい。** ▼学習二

7 **「先鞭（せんべん）をつけたい」**（一九九・15）**のここでの意味として適当なものを、次から選びなさい。**

ア　他の模範となりたいということ。
イ　指導者となりたいということ。
ウ　他の敬意を集めたいということ。
エ　他に先んじて着手したいということ。
〔　　〕

第二段落（p.199 ℓ.2〜p.200 ℓ.9）

8 「周囲に煙たがられる」（二〇〇・1）とは、具体的にはどういうことか。三十字以内で説明しなさい。

9 「多数の意向」（二〇〇・3）とほぼ同意の部分を、本文中から四字で抜き出しなさい。

10 作家である筆者が「一旦は③を考慮しつつも、すごすご②に戻る」（二〇〇・7）とは、具体的にはどういうことか。本文中の語句を用いて説明しなさい。 ▼学習三

第三段落（p.200 ℓ.10〜p.201 ℓ.11）

11 「三日に一度の割で霞（かすみ）を食うハメになる」（二〇〇・8）の意味するところとして適当なものを、次から選びなさい。

ア　しばしば不利な立場に追いやられることになる。
イ　仙人のように孤独で寂しい暮らしを送ることになる。
ウ　経済的に不自由な暮らしを頻繁に強いられることになる。
エ　三度に一度は食事を抜くことになる。

［　　］

12 「それぞれの道を見事に極めた方々」（二〇〇・13）が「あなたにとって……とお答えになる」（二〇〇・11〜12）のは、仕事をどのようなものと考えているからか。本文中の語句を用いて四十字以内で説明しなさい。

第三段落（p.200 ℓ.10〜p.201 ℓ.11）

13 「どこか楽しげな表情をされていた」（二〇一・2）ことを、現在の筆者はどう捉えているか。説明として**適当でないもの**を次から選びなさい。

ア　わからないことを仕事とする幸せを味わっている。
イ　奥行きある世界に身を置くぜいたくさを感じている。
ウ　なかなか本質がわからない仕事に、おもしろがって関わっている。
エ　道を極め悟りを開いて、悠然としている。

［　　］

14 「回り道」（二〇一・5）を具体的に言い換えた部分を、本文中から二か所抜き出しなさい。

第四段落（p.201 ℓ.12〜終わり）

15 「明快な答え」（二〇二・1）とあるが、どのようなことに対する「答え」なのか。本文中の語句を用いて二十字以内で説明しなさい。

16 「それ」（二〇二・5）とは何をさすか。本文中の語句を用いて二十字以内で答えなさい。

学習目標 「もしも」という言葉とともに広がる筆者の想像力や感受性を味わう。

もしも、詩があったら（アーサー・ビナード）

教科書p.204〜p.210

検印

漢字

1 太字の仮名を漢字に直しなさい。

①新天地にとうたつ〔　　〕する。（p.204 ℓ.2）
②じごく〔　　〕を旅する。（p.204 ℓ.5）
③ゆかい〔　　〕な「もしも」の力。（p.204 ℓ.11）
④非常口へみちび〔　　〕く。（p.205 ℓ.6）
⑤辞書にの〔　　〕る。（p.205 ℓ.11）
⑥かんとう〔　　〕にくる作品。（p.205 ℓ.15）
⑦あたた〔　　〕かな晴れの日。（p.206 ℓ.13）
⑧はだか〔　　〕にしてやれたのに。（p.207 ℓ.2）
⑨数々のぐうぜん〔　　〕。（p.207 ℓ.3）
⑩作用しているにそうい〔　　〕ない。（p.207 ℓ.6）
⑪熟語をでんじゅ〔　　〕する。（p.207 ℓ.9）
⑫しょうかい〔　　〕してくれる。（p.208 ℓ.1）
⑬歴史的はいけい〔　　〕。（p.208 ℓ.2）
⑭ぜんてい〔　　〕にする。（p.208 ℓ.11）
⑮旅のはじ〔　　〕はかき捨て。（p.208 ℓ.12）
⑯きかい〔　　〕が巡る。（p.209 ℓ.3）
⑰思考回路をしげき〔　　〕する。（p.209 ℓ.7）

2 太字の漢字の読みを記しなさい。 知識・技能

①創作に挑〔　　〕む。（p.204 ℓ.6）
②期待で胸を膨〔　　〕らます。（p.204 ℓ.8）
③詩歌〔　　〕の作り手。（p.205 ℓ.2）
④想像力を呼び覚〔　　〕ます。（p.205 ℓ.2）
⑤諦〔　　〕めを含んだ「無理」。（p.205 ℓ.13）
⑥詞華集を編〔　　〕む。（p.205 ℓ.14）
⑦帆船〔　　〕に乗り組む。（p.206 ℓ.4）
⑧遭遇〔　　〕が重なる。（p.207 ℓ.3）
⑨四半世紀〔　　〕。（p.207 ℓ.8）
⑩一期一会〔　　〕。（p.207 ℓ.8）
⑪銭湯〔　　〕の湯気。（p.207 ℓ.12）
⑫人の心は十人十色〔　　〕。（p.207 ℓ.15）
⑬茶道〔　　〕に詳しい。（p.207 ℓ.15）
⑭禅〔　　〕について語る。（p.208 ℓ.1）
⑮そこが肝心〔　　〕。（p.208 ℓ.3）
⑯脚韻〔　　〕を踏む。（p.208 ℓ.8）
⑰即座〔　　〕に対応する。（p.209 ℓ.5）

語句

1 次の太字の語句の意味を調べなさい。 知識・技能

①旅先での一期一会を大切にする。（p.207 ℓ.8）
〔　　　　〕
②出会った人たちは十人十色だった。（p.207 ℓ.15）
〔　　　　〕
③旅の恥はかき捨て、と思い切って行動する。（p.208 ℓ.12）
〔　　　　〕

2 次の空欄にあとから適語を選んで入れなさい。

①想像を〔　　〕。（p.204 ℓ.2）
②「もしも」のときに〔　　〕。（p.204 ℓ.3）
③空想に〔　　〕。（p.204 ℓ.10）
④ヒットチャートの波に〔　　〕。（p.205 ℓ.1）
⑤ウエートを〔　　〕。（p.208 ℓ.1）
（ふける　置く　乗る　めぐらす　備える）

3 次の語句を使って短文を作りなさい。

①新天地（p.204 ℓ.2）
〔　　　　〕
②あぶり出される（p.207 ℓ.6）
〔　　　　〕

展開の把握

1 次の空欄に本文中の語句を入れて、内容を整理しなさい。　思考力・判断力・表現力

第一段落 （初め〜 p.205 ℓ.13）	第二段落 （p.205 ℓ.14〜 p.207 ℓ.2）	第三段落 （p.207 ℓ.3〜 p.209 ℓ.6）	第四段落 （p.209 ℓ.7〜終わり）
「もしも」の力	────	────	→ 「もしも」の力
	詞華集の巻頭に 置きたい詩	「もしも」の出会い ＝一期一会	
「もしも」は〔ア　　〕を変える。→詩が生まれる〔イ　　〕 →〔ウ　　〕を呼び覚ます装置→憂鬱から脱出する「非常口」 （例）・ダンテ→『新曲』 ・ホイットマン→『草の葉』 ・ビーチ・ボーイズ→『サーフィンUSA』 ⇕ 「しかたがない」「〔エ　　〕」「無理」	『もしも詩があったら』という〔オ　　〕の巻頭作品も決めている ←「ポルトガル人のぽかミス」 ＝〔カ　　〕をひっくり返して焼き上げたような作品	〔キ　　〕の遭遇 ＝出会った人から「〔ク　　〕」を伝授された 英語の「一期一会」＝「ここへ再び来られない」 ⇔ 反対語「旅の恥はかき捨て」	「もしも」は〔ケ　　〕をかきたて、〔コ　　〕を生み出す契機となる。

主題

1 次の空欄に本文中の語句を入れて、全体の主題を整理しなさい。　思考力・判断力・表現力

「もしも」という言葉は〔ア　　〕の壁を乗り越え、〔イ　　〕を呼び覚ます。古今東西さまざまな詩が「もしも」という言葉から生み出されてきた。日本の四文字熟語では、「〔ウ　　〕」という言葉が「もしも」の含意する偶然性や想像性に合致する。「一期一会」に似た意味を持つ〔エ　　〕の古い八行詩を参照してみれば、そこでも「もし」という言葉が効果的に使われていることに気がつく。「もしも」という言葉から〔オ　　〕は生み出されてくるのである。

2 右を参考にして、主題を百字以内でまとめなさい。

内容の理解

思考力・判断力・表現力

第一段落（初め～p.205 ℓ.13）

1 「新天地に到達する」（二〇四・2）の言い換えとして適当なものを次から選びなさい。

ア　斬新な発想を持った人と出会う。
イ　新しい世界にたどり着く。
ウ　新たな気持ちで再出発する。
エ　新たな冒険に挑戦する。

2 「その勢い」（二〇四・10）とはどういうことか。適当なものを次から選びなさい。

ア　大きな波が岸に打ち寄せたこと。
イ　空想から得た大きな想像力に乗ったこと。
ウ　新たな曲を作ってレコーディングしたこと。
エ　ヒット・チャートの波に乗ったこと。

3 「本当はみんなが『もしも』を大昔から使ってきた。」（二〇五・3）とあるが、どういうときに人々は「もしも」を使ったというのか。次から選びなさい。

ア　差し迫ってきている危険に備えて訓練するとき。
イ　詩人を参考にして自分も詩を作りたいと思ったとき。
ウ　憂鬱なことや嫌なことから自分を解放するとき。
エ　人生で嫌なことから逃げ出したいと思うとき。

4 「記録がはっきり残るのは文学作品」（二〇五・4）とあるが、その理由を三十字以内で説明しなさい。

5 「乗り越える梯子（はしご）」（二〇五・8）を言い換えた言葉を本文中から七字で抜き出しなさい。　▼学習一

第一段落（初め～p.205 ℓ.13）

6 「常識」（二〇五・9）とあるが、「常識」のままでいると、どういうことになるのか。本文中から五字以内で抜き出しなさい。

7 「しかたがない」「しようがない」（二〇五・12）、「無理」（二〇五・13）が「もしも」の「対極にある」という理由を簡潔に説明しなさい。　▼学習三

第二段落（p.205 ℓ.14～p.207 ℓ.2）

8 「歴史を引っくり返して焼き上げたような詩」（二〇六・2）とあるが、どのところがそうなのか。「ポルトガル人のぽかミス」の中の詩句を抜き出しなさい。　▼学習二

9 「裸のインディアンに　洋服を着せた」（二〇六・10）とはどういうことを意味しているのか。次から選びなさい。

ア　未開の民族に西洋の文化に親しむ機会を与えたこと。
イ　原住民の生活習慣の誤りを西洋流に正すこと。
ウ　貧困だった民族に豊かな生活を保障すること。
エ　西洋文明の力で先住民の文化を変えてしまうこと。

10 「影響がいかに大きいか」（二〇七・5）とあるが、何の「影響」か。本文中から五字で抜き出しなさい。

第三段落（p.207 ℓ.3～p.209 ℓ.6）

11 「『一期一会』という四文字熟語をぼくに伝授しようとする人が、めっきり減った。」（二〇七・8）とはどういうことか。筆者の考えを説明した

第三段落（p.207 ℓ.3〜p.209 ℓ.6）

次の文の空欄に入る語句を本文中から抜き出しなさい。

日本語に出合ってから〔ア　　〕になる筆者は、来日後、電車の中や定食屋、居酒屋、銭湯でも、〔イ　　〕の人たちから〔ウ　　〕にされながら、「一期一会」の〔エ　　〕を教えられてきたが、最近は初対面の人から親切にされるような「一期一会」の〔オ　　〕がなくなってきたということを感じている。

12 **『十人十色の一期一会』（二〇七・15）とはどういうことか。本文中の語句を用いて三十字以内で説明しなさい。**

13 **「誰もが触れるポイント」（二〇八・3）とは何か。本文中から七字で抜き出しなさい。** ▼脚問1

14 新傾向 **「一期一会」と「旅の恥はかき捨て」について話し合った。本文の内容に合致した発言をしている生徒をすべて選びなさい。**

生徒A：「一期一会」という四字熟語は、茶会のおもてなしの心を教えたもので、一生に一度の出会いと思ってもてなすという意味だと習った記憶があるな。それに対して「旅の恥はかき捨て」は旅先では知る人がいないから、恥をかいてもその場限りで平気ということだよね。おもてなしの心とは無関係だと思うな。

生徒B：「旅の恥はかき捨て」は、たしかに茶道とは関係はないけれど、旅先での出会いは一度だけの出会いだと考えれば、「一期一会」と比べることができると思うよ。

生徒C：そうだね。「一期一会」は一生に一度だけの出会いだからこそ大切にしようと言っているけれど、「旅の恥はかき捨て」は、旅先で長く暮らすわけではないので、旅の中での一度だけの出来事や出会いはその場限りのことと流してしまう点では、反対語と言ってもいいんじゃないかな。

第三段落（p.207 ℓ.3〜p.209 ℓ.6）

生徒D：「一期一会」の「一期」は、調べたら仏教語で「一生」という意味だったよ。そこから一生で一度の機会を大切にもてなすという茶道の教えにもなったそうだよ。「旅の恥はかき捨て」は見知らぬ旅先で知り合いがいなければ恥ずかしいことをしても平気だという、投げやりな感じがして、「一期一会」の教えには結びつかないから反対語なんだよね。

生徒〔　　〕

15 **「それ」（二〇九・3）が示す内容を、次から選びなさい。**

ア もう一度この場所を訪れること。
イ 苦しいだけの人生から脱却すること。
ウ 人を思いやったり救ったりすること。
エ 二度と同じ道を通らないこと。

〔　　〕

まとめ

16 **この随想の構成について説明した次の文章の空欄にあてはまる語句を、あとの語群から選んで記号で答えなさい。**

第四段落で筆者が述べていることは、〔①　〕段落で指摘した内容と一致している。この随想は、「もしも」の力から始まり、次の段落では「もしも」の詩を実際に紹介し、さらに〔②　〕段落では「もしも……出会わなかったら」という発想に転換して「一期一会」へと話題を展開している。そして最後に再び「もしも」が詩を生み出すきっかけになると結んでいるので、文章形式としては〔③　〕型と言える。

ア 第一　**イ** 第二　**ウ** 第三　**エ** 第四
オ 序論・本論・結論　**カ** 序論・本論　**キ** 起承転結
ク 序破急

①〔　　〕②〔　　〕③〔　　〕

学習目標　文体や表現の特徴を意識しながら読み、豊太郎によって語られる内容を多角的に解釈する。

舞姫（森鷗外）

教科書p.212～p.250

検印

漢字

1 太字の仮名を漢字に改めなさい。

① p.213 ℓ.5 我が**しゅんかん**〔　　〕の感触。
② p.214 ℓ.9 **がいりゃく**〔　　〕を文章につづる。
③ p.216 ℓ.8 **しょうかい**〔　　〕状を出す。
④ p.218 ℓ.15 奥深く**ひそ**〔　　〕む。
⑤ p.221 ℓ.11 **ざんじ**〔　　〕の間。
⑥ p.223 ℓ.2 **だいたん**〔　　〕さにあきれる。
⑦ p.226 ℓ.7 三マルクの**ぎんか**〔　　〕。
⑧ p.227 ℓ.5 学問の**きろ**〔　　〕に走る。
⑨ p.229 ℓ.11 悲痛**かんがい**〔　　〕の刺激。
⑩ p.230 ℓ.7 新聞社の**ほうしゅう**〔　　〕。
⑪ p.232 ℓ.4 多くもない**ぞうしょ**〔　　〕。
⑫ p.235 ℓ.1 望みを**た**〔　　〕つ。
⑬ p.237 ℓ.5 慣習という**だせい**〔　　〕。
⑭ p.238 ℓ.10 いち早く**けつだん**〔　　〕する。
⑮ p.240 ℓ.15 思い**せま**〔　　〕る。
⑯ p.242 ℓ.14 **けいそつ**〔　　〕な発言。
⑰ p.247 ℓ.13 その場を**つくろ**〔　　〕う。

2 太字の漢字の読みを記しなさい。

知識・技能

① p.213 ℓ.3 浮き世の**憂**〔　　〕きふし。
② p.213 ℓ.4 **悟**〔　　〕り得たこと。
③ p.214 ℓ.11 食欲が**衰**〔　　〕える。
④ p.219 ℓ.12 地位を**覆**〔　　〕す。
⑤ p.222 ℓ.6 三百年前の**遺跡**〔　　〕。
⑥ p.223 ℓ.8 父を**葬**〔　　〕る。
⑦ p.224 ℓ.15 **無礼**〔　　〕な振る舞い。
⑧ p.227 ℓ.9 一週間の**猶予**〔　　〕。
⑨ p.229 ℓ.1 **師弟**〔　　〕の交わり。
⑩ p.231 ℓ.12 新現象の**批評**〔　　〕。
⑪ p.233 ℓ.1 飢え**凍**〔　　〕えた雀。
⑫ p.236 ℓ.5 大臣に**謁**〔　　〕する。
⑬ p.236 ℓ.11 **凡庸**〔　　〕な諸生輩。
⑭ p.239 ℓ.4 **偽**〔　　〕りなき我が心。
⑮ p.242 ℓ.4 感受性が**鈍**〔　　〕い。
⑯ p.243 ℓ.1 **本領**〔　　〕を発揮する。
⑰ p.244 ℓ.8 白い**木綿**〔　　〕。

語句

1 次の太字の語句の意味を調べなさい。

知識・技能

① p.212 ℓ.8 身のほどを知らぬ**放言**。
〔　　〕
② p.222 ℓ.16 **憐憫**（れんびん）**の情**に打ち勝つ。
〔　　〕
③ p.224 ℓ.12 **茫然**（ぼうぜん）として立ちつくした。
〔　　〕
④ ℓ.15 **慇懃**（いんぎん）に自らの無礼な振る舞いを詫びた。
〔　　〕
⑤ p.238 ℓ.12 直ちに**うべなう**ことがある。
〔　　〕

2 それぞれの意味に合うように、次の空欄に適当な言葉を入れて慣用句を作りなさい。

① p.229 ℓ.2 色を〔　　〕
（びっくりして顔が青ざめる。）
② p.236 ℓ.12 色を〔　　〕
（あらたまった顔つきになる。）
③ p.241 ℓ.7 袂を〔　　〕
（行動を共にした人と関係を断つ。）

展開の把握

1 次の空欄に本文中の語句を入れて、内容を整理しなさい。

段落	内容
第一段落	太田豊太郎は（ア　　）年間の（イ　　）滞在から帰国する途中、セイゴンの港で「人知らぬ恨み」ゆえ、悩んでいる。（以下にそのことをつづる。）
第二段落・第三段落・第四段落	豊太郎は幼いころから神童の誉れ高く、（ウ　　）歳で東京大学法学部を卒業し、某省に出仕した。故郷から母を呼び寄せ三年暮らした後、（エ　　）に留学した。ベルリンの華やかさに驚かされるが、職務に励み、大学では（オ　　）を修める。三年ほどたつと、豊太郎は自我に目覚めるが、一方で、彼が一緒に遊ばないため、同僚は彼を嘲り嫉（ねた）む。
第五段落・第六段落・第七段落	ある日、（カ　　）巷の古寺の前で（キ　　）と出会う。彼女の窮状を救い、交際が始まる。交際は清白なものであったが、官長のもとに告げる同僚がいて（ク　　）を解かれた。また、（ケ　　）を知らせる書状に接した。豊太郎はエリスと結ばれる。その後、エリスとの貧しくも楽しい生活が始まる。学問は荒んだが別に一種の（コ　　）を持つに至った。
第八段落・第九段落・第十段落・第十一段落	明治（サ　　）年の冬、エリスは妊娠した。途方に暮れているとき、相沢から（シ　　）と共にベルリンにいるという書状が来た。相沢と会い、エリスと別れることを約束する。その後、豊太郎は（シ　　）と（ス　　）に行き、任務を果たし彼の信頼を得る。その間、エリスは豊太郎に対する慕情を強める。大臣に帰国を勧められた豊太郎は承諾し、罪の意識から雪道をさまよい、帰宅後倒れる。豊太郎が病床にある間、相沢は豊太郎が（セ　　）することをエリスに告げる。エリスは発狂する。意識を回復した豊太郎は相沢と事後処理をする。
第十二段落	豊太郎の脳裏には一点の相沢を憎む心が残った。

2 次の空欄に本文中の語句を入れて、場面設定と登場人物の設定をまとめなさい。 思考力・判断力・表現力

場面設定

現在　（ア　　）に一人残って回想。

回想　故郷より上京。（イ　　）に出仕。
洋行の命を受け（ウ　　）の都に赴任。

登場人物の設定

太田豊太郎　幼きころより学業優秀。（エ　　）の念と（オ　　）を持って洋行。

エリス　十六、七の少女。父を亡くし、母と暮らす。ビクトリア座の踊り子。

相沢謙吉　豊太郎の友人。（カ　　）の秘書官。

主題

思考力・判断力・表現力

●次の空欄に本文中の語句を入れて、全体の主題を整理しなさい。

太田豊太郎は国家や家に自己を帰属させ、立身出世を目標に生きてきた明治日本の若きエリート官僚である。彼は（ア　　）留学で（イ　　）の文化に接し、（ウ　　）の我に目覚め、それまでの生き方に疑問を覚える。やがて貧しい踊り子（エ　　）と恋愛するが、それもつかの間、日本に帰れなくなる不安と国家有為の人物になるという使命の前に屈し、（オ　　）に戻っていく。

内容の理解

思考力・判断力・表現力

第一段落（初め～p.214 ℓ.9）

1 「船に残れるは余一人のみ」（二一三・3）とあるが、なぜ仲間と離れて一人でいるのか。その理由が述べられている部分を本文中から二十字以内で抜き出しなさい。

2 この小説が過去を回想する形をとったのは、作者にどのような意図があったからか。次から選びなさい。

ア　過去の部分に展開するドラマがすでに完了したもので、現在の主人公には何の感情の動きもないことを強調するため。

イ　過去を回想することで、過去の事件が現在の主人公にとって忘れることのできない懐かしいものであることを強調するため。

ウ　もはやことは決定してしまい、残されているのは重苦しい現実だけであり、過去へは引き返せないことを強調するため。

エ　過去の事件から受けた主人公の心の痛手が、時間の経過とともに癒やされていくことを強調するため。

第二～第四段落（p.214 ℓ.10～p.221 ℓ.12）

3 「あだなる美観に心をば動かさじの誓ひ」（二一六・6）を立てたのは、豊太郎にどのような思いがあったからか。本文中から二十五字以内で抜き出しなさい。

4 「奥深く潜みたりしまことの我」（二一八・15）について、次の問いに答えなさい。

(1) 「奥深く潜みたりしまことの我」とは、どのような生き方をする人間のことか。二十五字以内で説明しなさい。

(2) 「奥深く潜みたりしまことの我」が表に現れてきたのはなぜか。その理由を本文中から二十五字以内で抜き出しなさい。

5 「この心」（二二〇・16）とはどのような心のことか。本文中から抜き出して答えなさい。

第五段落（p.221 ℓ.13～p.226 ℓ.12）

6 「我ながら我が大胆なるにあきれたり」（二二三・2）とあるように、以前「あだなる美観に心をば動かさじ」と誓ったころの豊太郎とは、大きく変わってきている。その理由を次から選びなさい。

ア　留学生仲間の嘲り、嫉みを受け、自暴自棄の状況にあったから。

イ　自我の意識に目覚め、内面の欲望を制止しがたくなったから。

ウ　官吏より巷(ちまた)の生活がふさわしいと考えるようになったから。

エ　少女の清純な美貌に魅せられ、憐憫の情を覚えたから。

7 豊太郎とエリスが古寺の前で出会ったとき、エリスが直面していた問題を二点にまとめなさい。

第五段落

［　　　　］

第六段落 (p.226 ℓ.13〜p.229 ℓ.12)

8 「母の死を、我がまたなく慕ふ母の死を報じたる」（二二七・11）とあるが、作品の展開上、豊太郎にとって「母の死」はどのような意味を持っているか。三十五字以内で説明しなさい。

［　　　　］

9 「我が一身の大事」（二二九・6）とは何のことか。「官長」の言葉をもとにわかりやすく説明しなさい。

［　　　　］

第七段落 (p.229 ℓ.13〜p.232 ℓ.14)

10 「我が学問は荒（すさ）みぬ。」（二三一・9、二三二・7）と二度くり返されているが、ここには豊太郎のどういう気持ちが示されているか。次から選びなさい。

ア　体系的学問から遠ざかっている寂しさと未練。
イ　体系的学問の厳しさに対する驚きと畏怖。
ウ　体系的学問の非実用性に対するさげすみと安堵（あんど）。
エ　体系的学問から離れ得たうれしさと自負。

［　　］

第八段落 (p.232 ℓ.15〜p.238 ℓ.6)

11 「これその言のおほむねなりき。」（二三七・6）について、次の問いに答えなさい。

(1) 相沢は豊太郎にどのような忠告をしたのか。本文中の語句を用いて二点にまとめなさい。

［　　　　］
［　　　　］

(2) 相沢は豊太郎とエリスの恋愛をどのように見ているか。それが端的に示されている部分を本文中から二十字以内で抜き出しなさい。

［　　　　］

12 二四〇ページ15行目から二四二ページ2行目までの手紙の中で、エリスの切実な思いが最もよく表れている部分を二十五字程度で抜き出し、初めと終わりの五字で示しなさい。（句読点を含む）

［　　　　］〜［　　　　］

第九段落 (p.238 ℓ.7〜p.244 ℓ.16)

13 「余はこの書を見て初めて我が地位を明視し得たり」（二四二・3）とあるが、豊太郎が明視し得た「我が地位」とはどのようなものか。次から選びなさい。 ▼傍問13

ア　ロシアでの、天方伯の信頼を得るために仕事に打ち込み、エリスを顧みることの少なかった立場。
イ　天方伯に頼って帰国し官僚の道に戻るか、このままエリスとの生活を続けるかの岐路に立った立場。

第九段落（p.238 ℓ.7〜p.244 ℓ.16）

ウ　自分の運命はいまや天方伯の手中にあり、帰国し出世の道が開かれつつあることに期待をする立場。

エ　天方伯についてロシアに来たことで、エリスとの関係が間違いであったことに気づき後悔する立場。

〔　　〕

第十段落（p.245 ℓ.1〜p.247 ℓ.9）

14「我が心の錯乱」（二四五・13）とあるが、豊太郎の心はどういうことで「錯乱」しているのか。その内容が述べられている部分を、本文中から二十五字以内で抜き出しなさい。

15 エリスを裏切る罪悪感に責められている豊太郎の心情が表現されている一文を本文中から抜き出し、初めの五字で示しなさい。

第十一段落（p.247 ℓ.10〜p.249 ℓ.7）

16「この恩人は彼を精神的に殺ししなり」（二四八・2）とあるが、本当に殺したのは誰か。それがわかる部分を本文中から二十五字以内で抜き出しなさい。

17「余が相沢に与へし約束」（二四八・4）とはどういう内容のことか。簡潔に説明しなさい。

〔　　〕

18「大臣に聞こえ上げし一諾」（二四八・5）とはどういう内容のことか。簡潔に説明しなさい。

〔　　〕

第十一段落（p.247 ℓ.10〜p.249 ℓ.7）

19「机の上なりし……流して泣きぬ」（二四八・11〜12）、「ただ折々……言ふのみ。」（二四九・2〜3）から、エリスのどういう精神状態が読み取れるか。「豊太郎」「二人の間にできた子供」に着目して具体的に説明しなさい。

〔　　〕

第十二段落（p.249 ℓ.8〜終わり）

20「一点の彼を憎む心今日までも残れりけり」（二四九・9）について、次の問いに答えなさい。

(1)「一点」とは具体的にどういうことをさしているか。わかりやすく説明しなさい。

〔　　〕

(2)「彼を憎む心」の裏には「自分を憎む心」もあると思われる。それは自分のどんなところを憎む心なのか。簡潔に説明しなさい。

〔　　〕

枯野抄（芥川龍之介）

学習目標　師匠である芭蕉の臨終に弟子たちがそれぞれに抱く心情を把握し、人生や他者に対する考察を深める。

教科書p.252～p.265

検印

漢字　知識・技能

1 太字の仮名を漢字に直しなさい。

① 手厚くかいほう（　　）する。（p.253 ℓ.4）
② 懐をふく（　　）らませる。（p.253 ℓ.13）
③ さいげん（　　）ない寒空。（p.254 ℓ.11）
④ 後ろをかえり（　　）みる。（p.254 ℓ.17）
⑤ 弥陀のじひ（　　）にすがる。（p.255 ℓ.4）
⑥ 疑惑にそうぐう（　　）する。（p.255 ℓ.7）
⑦ 自らはげ（　　）ます。（p.255 ℓ.7）
⑧ 存在をこうてい（　　）する。（p.255 ℓ.12）
⑨ 偶然なけいき（　　）。（p.256 ℓ.9）
⑩ しょうちょう（　　）された死。（p.256 ℓ.11）
⑪ 師匠のかんびょう（　　）。（p.257 ℓ.7）
⑫ 長々しいじゅっかい（　　）。（p.257 ℓ.17）
⑬ 道徳的にけっぺき（　　）である。（p.258 ℓ.10）
⑭ 神経がせんじゃく（　　）だ。（p.258 ℓ.10）
⑮ むぞうさ（　　）に塗る。（p.260 ℓ.10）
⑯ がまん（　　）や抵抗。（p.262 ℓ.8）
⑰ 生死をちょうえつ（　　）する。（p.264 ℓ.6）

2 太字の漢字の読みを記しなさい。

① 足袋を**履**（　　）く。（p.252 ℓ.9）
② 大宗匠と**仰**（　　）がれた。（p.253 ℓ.3）
③ うすら寒い**沈黙**（　　）。（p.254 ℓ.6）
④ おぼつかない**遺言**（　　）。（p.254 ℓ.8）
⑤ **辞世**（　　）の句を詠む。（p.254 ℓ.14）
⑥ **専念**（　　）に称名を唱える。（p.255 ℓ.2）
⑦ **慌**（　　）ただしい。（p.255 ℓ.15）
⑧ **末期**（　　）の水をとる。（p.256 ℓ.3）
⑨ **醜**（　　）きものへの反感。（p.256 ℓ.9）
⑩「生」の**享楽**（　　）家。（p.256 ℓ.10）
⑪ 道徳感に**顧慮**（　　）する。（p.256 ℓ.15）
⑫ 満足と**悔恨**（　　）。（p.257 ℓ.3）
⑬ 一日も**怠**（　　）らない。（p.257 ℓ.7）
⑭ 手伝いの**周旋**（　　）。（p.257 ℓ.8）
⑮ 病気**本復**（　　）を祈る。（p.257 ℓ.9）
⑯ 自分の**卑**（　　）しさが情けない。（p.258 ℓ.9）
⑰ **恭**（　　）しく礼拝する。（p.264 ℓ.13）

語句　知識・技能

1 次の太字の語句の意味を調べなさい。

① **ものごし**の凜々しい人。（p.253 ℓ.13）
② **刹那**の間。（p.255 ℓ.6）
③ **いまわ**の師匠。（p.256 ℓ.1）
④ **毫も**心を刺す痛みのない、清らかな悲しみ。（p.264 ℓ.5）

2 次の空欄に適語を入れなさい。

① 浮かない（　　）をひそめる。（p.253 ℓ.10）
② （　　）の気がなくなる。（p.254 ℓ.10）
③ 笑いを（　　）する。（p.259 ℓ.7）

3 次の語句を使って短文を作りなさい。

① いたずらに（p.258 ℓ.4）
② ひいては（p.259 ℓ.16）

展開の把握

1 次の空欄に本文中の語句を入れて、内容を整理しなさい。

段落	見出し	内容
第一段落（初め～p.253 ℓ.2）	導入	元禄七年十月十二日の大阪の、〔ア　　〕な昼のことであった。
第二段落（p.253 ℓ.3～p.254 ℓ.15）	門弟たち	四方から集まった〔イ　　〕の人々に介抱されながら、芭蕉は静かに〔ウ　　〕を引き取ろうとしていた。
第三段落（p.254 ℓ.16～p.256 ℓ.16）	其角	末期の水をとるように木節が言ったとき、〔エ　　〕と弛緩が広がった。そのとき其角は芭蕉の姿に嫌悪の情を感じた。
第四段落（p.256 ℓ.17～p.258 ℓ.16）	去来	一日も看護を怠らず、万事万端の世話をした去来は、満足と〔オ　　〕の錯雑した心持ちを味わった。
第五段落（p.258 ℓ.17～p.260 ℓ.4）	乙州	丈草が芭蕉の脣を潤していると正秀の慟哭が聞こえてきた。乙州は慟哭を〔カ　　〕に思いつつも嗚咽の声を発してしまった。
第六段落（p.260 ℓ.5～p.261 ℓ.16）	支考	支考は自分の頭には他門への名聞、門弟たちの利害、自分の興味打算があり、師匠を失った〔キ　　〕たちを悼んでいると感じ取っていた。
第七段落（p.261 ℓ.17～p.263 ℓ.11）	惟然坊	惟然坊は芭蕉の次に死ぬのは自分かもしれないという〔ク　　〕を感じて芭蕉の顔を正視することができなかった。
第八段落（p.263 ℓ.12～終わり）	まとめ	丈草が芭蕉の臨終に際して感じた不思議に朗らかな心持ちは、芭蕉の人格的圧力から〔ケ　　〕された喜びだった。

2 次の空欄に本文中の語句を入れて、場面設定と登場人物の設定をまとめなさい。 思考力・判断力・表現力

場面設定

日にち　〔ア　　〕

時刻　〔イ　　〕にも近い

場所　〔ウ　　〕にある花屋仁左衛門の裏座敷

登場人物の設定

〔エ　　〕　俳諧の大宗匠。最期が近い。

〔オ　　〕　医者

〔カ　　〕〔キ　　〕

〔ク　　〕〔ケ　　〕

〔コ　　〕

（カ～コ）末期の水をとる門弟たち

主題

●次の空欄に本文中の語句を入れて、全体の主題を整理しなさい。 思考力・判断力・表現力

元禄七年十月十二日、それぞれの思いを胸に門人たちは〔ア　　〕の最期を看取った。末期の水をとるとき、其角は芭蕉の姿に〔イ　　〕の情を感じ、去来は〔ウ　　〕と悔恨の錯雑した心持ちを味わった。乙州は正秀の〔エ　　〕を不快に思い、支考は自分たちは〔オ　　〕を失った自分たちを悼んでいると感じ取っていた。惟然坊は芭蕉の次に死ぬのは自分かもしれないという恐怖を感じ、丈草は芭蕉の人格的圧力から解放された〔カ　　〕を感じた。

内容の理解

思考力・判断力・表現力

第二段落（p.253 ℓ.3〜p.254 ℓ.15）

1 「埋火の温まりの冷むるがごとく、」（二五三・5）とはどういうことをたとえたものか。次から選びなさい。

ア　突然力が消え失せること。
イ　徐々に勢いが失われていくこと。
ウ　年をとるごとに情熱が失せていくこと。
エ　結果的に才能が埋もれてしまうこと。

［　　　］

2 「旅に病んで」（二五四・12）の句について、次の問いに答えなさい。

(1) 季語を抜き出し、季節を答えなさい。

季語［　　　　　］　季節［　　　］

(2) 「かけめぐる」の主体の説明として適当なものを次から選びなさい。

ア　死を前にしても名声への執着から離れられない芭蕉の心。
イ　死を目前に座敷で往生を遂げることに固執している芭蕉の心。
ウ　死を前にしつつ風雅を求めた人生から離れられない芭蕉の心。
エ　死を目前に弟子たちの句作の出来を気にしてしまう芭蕉の心。

［　　　］

第三段落（p.254 ℓ.16〜p.256 ℓ.16）

3 「いよいよという緊張した感じ」（二五五・9）とあるが、どういうことを感じたのか。簡潔に述べなさい。

［　　　　　　　　　　］

4 「同じ心持ち」（二五五・14）とはどのような心持ちか。本文中から十字以内で抜き出しなさい。

［　　　　　　　　　　］

5 「激しい嫌悪の情」（二五六・7）とはどのような心情か。次から選びなさい。

第三段落（p.254 ℓ.16〜p.256 ℓ.16）

ア　死ぬことへの恐怖の心情。
イ　死という現実を否定したい心情。
ウ　死に対する諦めの心情。
エ　死が持つ醜さを忌み嫌う心情。

［　　　］

6 「自責に似た一種の心持ち」（二五六・14）を「其角」が感じたのはなぜか。簡潔に述べなさい。

［　　　　　　　　　　］

第四段落（p.256 ℓ.17〜p.258 ℓ.16）

7 「ある満足と悔恨との不思議に錯雑（さくざつ）した心持ち」（二五七・3）とあるが、「満足」は「去来」のどのような意識から生じたのか。解答欄に合うように本文中から二十字以内で抜き出しなさい。

［　　　　　　　　　　］という意識。

8 「彼一人が車輪になって」（二五七・10）とはどういうことをたとえたものか。次から選びなさい。

ア　芭蕉の危篤の知らせをすばやく処理したこと。
イ　芭蕉の病床で一生懸命に力を尽くしたこと。
ウ　芭蕉が病に倒れた際に適切な対処ができたこと。
エ　芭蕉の容態を事務的に判断しながら介抱できたこと。

［　　　］

9 「自分の卑しさ」（二五八・8）とあるが、「去来」は自分のどういうところに「卑しさ」を感じているのか。解答欄に合うように本文中から二十字以内で抜き出しなさい。

［　　　　　　　　　　］ところ。

第五段落（p.258 ℓ.17〜p.260 ℓ.4）

10「彼の頭が否と言っている」（二五九・15）とはどういうことか。本文中の語句を用いて四十字以内で説明しなさい。

第六段落（p.260 ℓ.5〜p.261 ℓ.16）

11「枯野のただ中も、この花屋の裏座敷も、大した相違があるわけではない。」（二六〇・14）と言えるのはなぜか。次から選びなさい。▼脚問5

ア　門人たちは師を失う自分たちを悼んでいて、裏座敷であろうが枯野であろうが、芭蕉が孤独の中で死ぬことには変わりがないから。

イ　芭蕉の死に際して書こうと思う終焉記の舞台は、枯野でも花屋の裏座敷でも主題的には変わらないから。

ウ　芭蕉が多くの門人たちに看取られながら亡くなろうとしている以上は、そこが裏座敷でも冬枯れの旅先でも変わらないから。

エ　芭蕉の辞世の句の価値は、実際の終焉の場が裏座敷であっても枯野であっても変わらないものであるから。

〔　　〕

12「嘲るようにじろりと見回して」（二六一・12）とあるが、「支考」はどういう気持ちでいたのか。これを説明した次の文の空欄にあてはまる漢字二字を、それぞれ本文中から抜き出して答えなさい。

〔　①　〕の席で涙を流していようとも、自分を含めて門弟たちは師匠の最期を悼んでいるのではなく、師匠を亡くした自分たちを嘆いているような〔　②　〕な人間にすぎないと〔　③　〕的な感慨を抱いていた。

①
②
③

第六段落

13「白眼（はくがん）で押し通そうとする」（二六一・15）とはどういう態度か。本文中から十字以内で抜き出しなさい。

14「芭蕉の断末魔もすでにもう、弾指の間に迫った」（二六二・1）とはどういうことか。簡潔に説明しなさい。

〔　　〕

第七段落（p.261 ℓ.17〜p.263 ℓ.11）

15「明暗二とおりの心持ち」（二六二・16）とはどういう心境か。本文中の語句を用いて説明しなさい。▼脚問7

〔　　〕

第八段落（p.263 ℓ.12〜終わり）

16「不思議に朗らかな心持ち」（二六四・4）を言い換えた部分を本文中から六十五字以内で抜き出し、初めと終わりの五字で示しなさい。

〜

全体

17本文の内容と合致するものを次から二つ選びなさい。

ア　木節は医師としてできることはすべて尽くしたと確信していた。

イ　其角は死という現実が持つ醜さに激しい嫌悪を感じていた。

ウ　去来は芭蕉の介抱に没頭した自分の働きに満足しきっていた。

エ　乙州は正秀の慟哭に共感して嗚咽の声を発してしまった。

オ　支考は師匠を亡くした自分たち自身を悼むのを非難していた。

カ　丈草が感じたのは、師の持つ圧力から解放される悲しい喜びであった。

〔　　〕〔　　〕

学習目標　登場人物の行動や心理を読み取り、戦争体験の意味づけについて考える。

血であがなったもの（大田昌秀）

教科書 p.268～p.284

検印

漢字

知識・技能

1 太字の仮名を漢字に直しなさい。

① p.270 上ℓ.14 立派な**さいご**〔　　〕。
② p.270 下ℓ.1 打ち**くだ**〔　　〕かれた岩。
③ p.270 下ℓ.4 **たがや**〔　　〕された畑。
④ p.271 上ℓ.3 **しょうしゅう**〔　　〕がある。
⑤ p.271 上ℓ.12 **のうり**〔　　〕に浮かぶ。
⑥ p.271 下ℓ.13 **いふう**〔　　〕に瞠目（どうもく）する。
⑦ p.272 上ℓ.5 **あわ**〔　　〕れな変装。
⑧ p.272 下ℓ.4 **せんぼう**〔　　〕を感じる。
⑨ p.272 下ℓ.8 言い知れぬ**かんがい**〔　　〕。
⑩ p.273 上ℓ.10 **こうふん**〔　　〕を覚える。
⑪ p.275 上ℓ.10 生きたい**しょうどう**〔　　〕。
⑫ p.276 上ℓ.3 米と**こうかん**〔　　〕する。
⑬ p.276 上ℓ.17 岩間に**ひそ**〔　　〕む。
⑭ p.277 上ℓ.15 **ようしゃ**〔　　〕ない攻撃。
⑮ p.279 上ℓ.12 **しょうそう**〔　　〕を感じる。
⑯ p.280 下ℓ.18 **じゅうなん**〔　　〕な身体。
⑰ p.282 下ℓ.1 **ぎせい**〔　　〕を出す。

2 太字の漢字の読みを記しなさい。

① p.270 上ℓ.3 **雑木**〔　　〕の林を抜ける。
② p.270 下ℓ.8 **紛**〔　　〕れもない実感。
③ p.270 下ℓ.12 洞窟の**天井**〔　　〕。
④ p.270 下ℓ.17 **逐一**〔　　〕報告する。
⑤ p.271 上ℓ.7 **慌**〔　　〕ただしく消えた。
⑥ p.271 下ℓ.1 **憩**〔　　〕いの場。
⑦ p.271 下ℓ.4 **呪**〔　　〕わしく思う。
⑧ p.271 下ℓ.6 自在に**操作**〔　　〕される。
⑨ p.272 上ℓ.4 堂々たる**風采**〔　　〕。
⑩ p.273 下ℓ.2 **屈強**〔　　〕な漁夫。
⑪ p.274 下ℓ.1 地下**足袋**〔　　〕。
⑫ p.277 下ℓ.2 **断末魔**〔　　〕の叫び。
⑬ p.279 下ℓ.2 身を**委**〔　　〕ねる。
⑭ p.279 下ℓ.3 **諦念**〔　　〕に引き戻す。
⑮ p.282 上ℓ.12 教育で**培**〔　　〕われる。
⑯ p.283 上ℓ.6 国体の**擁護**〔　　〕。
⑰ p.283 下ℓ.7 **感銘**〔　　〕を与える。

語句

知識・技能

1 次の太字の語句の意味を調べなさい。

① p.272 下ℓ.1 彼は最近**羽振りがよい**。
〔　　〕
② p.277 下ℓ.2 **断末魔**の叫び。
〔　　〕
③ p.282 上ℓ.10 悔しくて**地団駄を踏む**。
〔　　〕

2 次の空欄に適語を入れて四字熟語を完成させなさい。

① p.272 上ℓ.3 □□堂々〔　　〕〔　　〕
② p.274 上ℓ.11 □往左□〔　　〕〔　　〕
③ p.275 上ℓ.10 □我□中〔　　〕〔　　〕
④ p.277 上ℓ.7 自□□棄〔　　〕〔　　〕

3 次の語句を使って短文を作りなさい。

① p.272 下ℓ.6 尾を引く
〔　　〕
② p.274 上ℓ.4 功を奏する
〔　　〕

〔破局〕

展開の把握

1 次の空欄に本文中の語句を入れて、内容を整理しなさい。

第一段落（初め〜 p.273上 ℓ.12）	第二段落（p.273上 ℓ.13〜 p.274上 ℓ.15）	第三段落（p.274上 ℓ.16〜 p.276上 ℓ.12）	第四段落（p.276上 ℓ.13〜終わり）
敗戦の予感	国頭への脱出	裸足での脱出	摩文仁海岸から海中へ
軍司令部の壕の中は〔ア〕だった。嘔吐（おうと）を催す膿臭（のうしゅう）と〔イ〕の匂い。私は全身で〔ウ〕を実感した。ようやく探し当てた増永隊長の返答は「解散」の命令で、私は「死」そのものを求める〔エ〕さえ禁じられ、呪わしく思った。壕の奥に入ると、黒い着物に着替えた参謀たちの姿に〔オ〕とした。壕の入り口に向かうところで若い大尉から形見の品を預けられたが、彼の人生に対する〔カ〕の情を感じつつも、捨て鉢な気持ちに胸を締めつけられた。	情報部の壕に戻ると解散命令を受けた学友や敗残兵で大騒ぎであった。日本本土への〔キ〕を試みる顔なじみの人もいた。陸、海、空の米軍の〔ク〕で最悪の事態が近づいてきた。私は仲間と三名で国頭へ行くことに決めた。	海岸への〔ケ〕を試みたが、地下足袋を盗まれてはだしの足裏には激痛が走った。〔コ〕を受けた負傷者を目撃すると、自分も駄目だという諦めが先に立った。しかし、生への〔サ〕は、這って行けとせき立て、生きたいという衝動に駆られた。	海岸に着いたが、海には無数の〔シ〕、陸からはM四戦車が迫ってきた。海岸線に集中攻撃がかけられ、人々は魅入られたように沖へ泳ぎだした。私も海へ入ったが、手足の〔ス〕を消失し、意識も失ってしまった。

2 次の空欄に本文中の語句を入れて、場面設定と登場人物の設定をまとめなさい。 思考力・判断力・表現力

場面設定

日時　昭和二十年六月十九日の〔ア〕。

場所　〔イ〕の壕を出て〔ウ〕へ向かう。

→海岸で敵の攻撃を受ける。

登場人物の設定

私　敵の攻撃の中、海岸へ脱出する。

増永隊長　隊の〔エ〕を命ずる。

若い大尉　私に父の〔オ〕である剣吊りを託す。

山田英夫君と仲田清栄君　私と三人で国頭へ行くが、途中ではぐれる。

主題

思考力・判断力・表現力

●次の空欄に本文中の語句を入れて、全体の主題を整理しなさい。

軍司令部の〔ア〕の中は地獄絵図だった。敗戦を〔イ〕する一方で、「〔ウ〕」を求める自由は禁じられて呪わしかった。壕の奥で見た参謀たちの姿に唖然とさせられ、〔エ〕な気持ちに胸を締めつけられた。敵の攻撃の中、海岸への脱出を試みた。〔オ〕が先に立ったが、生への本能は、這って行けと私をせき立て、生きたいという〔カ〕に駆られた。海岸を目の前に戦車の響きが迫り、沖へ泳ぎ出す中、私は手足の感覚を消失し、〔キ〕も失った。

展開の把握

1 次の空欄に本文中の語句を入れて、内容を整理しなさい。

第一段落 （初め〜p.279下ℓ.8）	第二段落 （p.279下ℓ.9〜p.281上ℓ.7）	第三段落 （p.281上ℓ.8〜終わり）
母への思い	月と浜千鳥	伝えられた敗戦の事実
諦め切ったときには衝動や〔　ア　〕に身を委ねることもできるが、一度〔　イ　〕の可能性がちらつくと、一刻も早く母に会いたい、この世に起こっていることを確かめたいという考えが浮かんできた。	九月二日の月を眺めていると、同郷の光さんと貞さんによる、聞き慣れた〔　ウ　〕の民謡が聞こえてきた。光さんの様子は〔　エ　〕の境に遊んでいるようだった。二人はもんぺ姿ではあったが、若々しい姿態に妖しい〔　オ　〕を感じながら〔　カ　〕とともに拍手を送った。	浜千鳥の踊りに〔　キ　〕を感じながら、白井兵長から日本が無条件降伏したことを聞かされた。敗戦の〔　ク　〕はありながらも皇国の〔　ケ　〕を期待していた私は、自分を支えていた〔　コ　〕が崩れゆくのを感じた。兵長からは平和の〔　サ　〕のなさを語られ、死んだ〔　シ　〕を思い胸をかきむしりたい衝動に襲われた。私は死によって国体が擁護されると信じて死んだ人と敗戦とを結びつけられなかった。しかし、白井兵長の「二度と失ってはならないものだ。」という言葉は私に大きな〔　ス　〕を与えた。

2 次の空欄に本文中の語句を入れて、場面設定と登場人物の設定をまとめなさい。　思考力・判断力・表現力

場面設定

日時　摩文仁を出てから〔　ア　〕余り。
昭和二十年九月二日の〔　イ　〕。

場所　壕の丘の上→丘の斜面が緩く尽きた所の平地。

登場人物の設定

私　〔　ウ　〕が無事か気になる。

二人の女性　民謡の「〔　エ　〕」を歌い、踊る。

白井兵長　日本の〔　オ　〕を私に伝える。
「二度と失ってはならないものだ。」

主題　思考力・判断力・表現力

●次の空欄に本文中の語句を入れて、全体の主題を整理しなさい。

生の〔　ア　〕を意識した私は、一刻も早く母に会いたい、この世に起こっていることを確かめたいと思った。九月二日の夜、〔　イ　〕の光さんと貞さんの歌と踊りをいっしょに見ていた白井兵長から、日本が〔　ウ　〕したことを知らされた。平和な生活がもたらされた反面、〔　エ　〕と死んだ学友のことを思うと、胸をかきむしりたい〔　オ　〕に襲われた。しかし、白井兵長の「〔　カ　〕と失ってはならないものだ。」という言葉に大きな感銘を覚えた。

内容の理解

思考力・判断力・表現力

第一段落（初め〜p.273上ℓ.12）

〔破局〕

1 「情報部の壕」（二七〇・上4）の者たちをたとえた語句を、本文中から六字で抜き出しなさい。

2 「軍司令部の壕」（二七〇・上17）に入ったときに、「私」は何を感じたか。本文中から七字で抜き出しなさい。

3 「解散！」（二七一・上8）という命令を聞いたときの「私」の気持ちとして適当なものを、次から選びなさい。　▼傍問1

ア　命がけで報告した伝令が無駄であったことでの失望。
イ　解散によって死ぬことがなくなったことで得た安堵(あんど)。
ウ　命令によって自分の存在が弄ばれることへの失意。
エ　恐怖に打ち勝って任務を遂行できたことへの満足。

〔　　〕

4 「自分を追いかけてくる隊長の命令」（二七一・下4）を言い換えた部分を、本文中から三十五字以内で抜き出して、初めと終わりの五字で答えなさい。

〔　　　　　〕〜〔　　　　　〕

5 「〈もうどうにでもなれ。〉」（二七一・下7）という気持ちを言い換えた表現を、第一段落から十字以内で抜き出しなさい。　▼学習二

第一段落（初め〜p.273上ℓ.12）

6 「私は啞然(あぜん)とした。」（二七二・上1）とあるが、それはなぜか。次から選びなさい。

ア　敵に捕まっても死んではいけないと隊長から言われたから。
イ　民間人の着物を着て変装した参謀たちの姿が哀れだったから。
ウ　隊長が愛用していた軍刀を捨てるように差し出したから。
エ　参謀たちとともに友人たちが姿を消していったから。

〔　　〕

7 「私はわけもなく一種の羨望を感じていた。」（二七二・下4）のはなぜか。次から選びなさい。

ア　変装することによって、生き延びる手だてを手にしていたから。
イ　隊長が愛用していた軍刀をいただいて、使うことが許されたから。
ウ　守備軍参謀の随員として、最後まで参謀たちと行動していたから。
エ　情報部の壕から抜け出して、敵中を突破できそうだったから。

〔　　〕

8 「若い大尉」（二七二・下12）の懸命な訴えから「私」が感じたのは、彼のどういう心情か。本文中から十五字以内で抜き出しなさい。

9 新傾向 「半ば捨て鉢な気持ち」（二七三・上12）になったのは、「私」がどういう状況に置かれていたからかについて、次のようにノートにまとめた。空欄にあてはまる語句を本文中から抜き出して答えなさい。

死への気持ち ⇔ 狭間 ⇔ 生への気持ち

敗戦の実感→最後の帰結（〔ア　　〕の場）として希求

→「死」を求める〔イ　　〕を奪われる

隊長の〔ウ　　〕

若い大尉の人生に対する〔エ　　〕の情

第二段落

10「命令」（二七三・上13）とはここではどういう内容か。本文中の語句を用いて説明しなさい。

〔　　〕

第三段落（p.274 上 ℓ.16～p.276 上 ℓ.12）

11「私の生への本能」（二七五・上1）を言い換えた表現を本文中から十字以内で抜き出しなさい。

12「何だかさっぱりした気持ち」（二七六・上11）になったのはなぜか。次から選びなさい。　▼学習二

ア　靴を放り出すことで、死人から軍靴を奪おうとした悪意を振り払うことができたから。
イ　自分のためだけに生きるのではなく、他人の喜びに関わることができたから。
ウ　実現できない期待を他人に抱かせてしまったことへの罪滅ぼしができたから。
エ　地獄のように、死体が道ばたに転がっている場所から逃げ出すことができたから。

〔　　〕

第四段落（p.276 上 ℓ.13～終わり）

13「私たちの心情」（二七七・上14）とはどういうものであったか。次から選びなさい。

ア　多くの死者を見続けて、生と死の感覚がわからなくなっている。
イ　死への恐怖の一方で、最後まで戦い抜こうと思っている。
ウ　静かな海の輝きに魅了されて、生存への意欲を高めている。
エ　絶望的な状況の中で、「生」へのわずかな期待を抱いている。

〔　　〕

〔血であがなったもの〕

第一段落（初め～p.279 下 ℓ.8）

1「しだいにやり切れない気がしてきた」（二七九・上3）のはなぜか。次から選びなさい。

ア　自分一人生き残ってしまい、死んだ仲間に申し訳なく思うから。
イ　なんとか生き残ったが、家族や現在の状況がわからなかったから。
ウ　自分は生き残れたけれども、兄たちは戦争で命を落としていたから。
エ　今は生き残ることができたが、生命の危機はまだ続いていたから。

〔　　〕

2「私は焦燥に身を焼かれる」（二七九・上12）のはなぜか。本文中の語句を用いて四十五字以内で説明しなさい。

3「衝動やはずみに容易に身を委ね得る。」（二七九・下1）とはどうすることか。簡潔に答えなさい。

〔　　〕

4「立場を異にして眺めてきた月」（二七九・下14）とあるが、戦場に出る前に見た月はどれか。本文中から抜き出しなさい。

〔　　〕

第二段落（p.279 下 ℓ.9～p.281 上 ℓ.7）

5 新傾向「一人で月と遊んでいた。」（二八〇・上2）という箇所について、四人の生徒が話し合っている。適当でないものを次から選びなさい。

生徒A：「月と遊ぶ」って、独特な表現だけど、静かに一人もの思いにふけっている様子が伝わってくるね。
生徒B：そうだね。「私」は通信部隊で夜の任務も多かったこともある

第二段落（p.279下ℓ.9〜p.281上ℓ.7）

のか、学生時代に見た月だけでなく、戦いのさなかで見た月のことも思い出していて、とくに月に思い入れが深いことが読み取れるな。

生徒C：このときは直前に「生き永らえてきた生命を抱き締めながら感謝をこめて」とあるから、生き延びたことへの感謝の気持ちが強いだろうね。

生徒D：月と「遊ぶ」という言い方からも、民謡を聞きながら、故郷を懐かしく思って踊り出したい気持ちが込められていそうだね。

生徒〔　　〕

6 **「『浜千鳥』の一節」（二八〇・上10）を「私」はどういう気持ちで聞いていたか。次から選びなさい。**

ア　美しい月を楽しむことのできる平和をありがたく思う気持ち。
イ　民謡を聞いて、郷土を懐かしむ気持ち。
ウ　民謡を歌う女の人に憧れる気持ち。
エ　若い女性に出会って、恥ずかしく思う気持ち。

〔　　〕

第三段落（p.281上ℓ.8〜終わり）

7 **「帰れるのもそう遠くはない」（二八一・下5）とは、どういうことをほのめかしているのか。解答欄に合うように本文中の語句を抜き出しなさい。**

〔　　　　　　　　〕したこと。

8 **「自らを支えていた壁」（二八二・上7）とはどういうことか。本文中の語句を用いて三十字以内で説明しなさい。**

9 **「これでいいんだ。」（二八二・上18）と白井兵長が言ったのはなぜか。二つの理由を本文中の語句を用いて説明しなさい。**

第三段落（p.281上ℓ.8〜終わり）

〔　　　　　　　　〕
〔　　　　　　　　〕

10 **「胸をかきむしりたい激しい衝動に襲われた」（二八二・下7）理由を次から選びなさい。**

ア　荒涼とした戦場で、懐かしい郷土の民謡に見とれてしまったことを反省したから。
イ　日本が無条件降伏したことも知らずに生きていた自分の無知を腹立たしく思ったから。
ウ　学生の自分には知らされず、兵長が日本の降伏を知っていたことに不満を感じたから。
エ　終戦がもう少し早ければ、多くの学友が戦死しなくても済んだと悔しく思ったから。

〔　　〕

11 新傾向 **「敵機からまかれたビラ」（二八二・下17）を踏みつけたときの「私」の心情を、次のようにノートにまとめた。空欄にあてはまる語句を本文中から抜き出して答えなさい。**

敵機からまかれたビラ（〔ア　　　〕の文字）

私
・〔イ　　　〕気持ち
・怖い気持ち→〔ウ　　　〕と引き換えに〔エ　　　〕が擁護され、国民の〔オ　　　〕も得られると死んでいった人々への思い

12 **「二度と失ってはならないもの」（二八三・下4）とは何か。本文中から十字以内で抜き出しなさい。** ▼活動一

学習目標　時間の流れと場面の展開を把握しながら、「私」の心情を読み取る。

夏の花（原民喜）

教科書 p.286～p.305

検印

漢字　知識・技能

1 太字の仮名を漢字に直しなさい。

①花の**めいしょう**〔　　〕を知る。（p.286 上ℓ.7）
②**ついらく**〔　　〕する音。（p.288 上ℓ.17）
③**へいそ**〔　　〕は元気なK。（p.288 下ℓ.14）
④縁側の暗幕を引き**さ**〔　　〕いた。（p.289 上ℓ.11）
⑤**しょうがい**〔　　〕物。（p.290 上ℓ.2）
⑥**おおつぶ**〔　　〕の雨。（p.292 下ℓ.7）
⑦貨車が**てんぷく**〔　　〕する。（p.293 下ℓ.3）
⑧**いんさん**〔　　〕な色彩。（p.294 上ℓ.9）
⑨**うった**〔　　〕えごとを持つ。（p.295 上ℓ.9）
⑩光線を**さえぎ**〔　　〕る。（p.296 下ℓ.3）
⑪**つつみ**〔　　〕を通る。（p.297 下ℓ.7）
⑫**ねんれい**〔　　〕を調べる。（p.298 下ℓ.7）
⑬医者の**かりょう**〔　　〕が済む。（p.299 上ℓ.6）
⑭**そうなん**〔　　〕した婦人。（p.300 上ℓ.2）
⑮荷馬車を**やと**〔　　〕う。（p.300 下ℓ.12）
⑯**がいかく**〔　　〕だけが残る。（p.302 上ℓ.5）
⑰**すいそう**〔　　〕の中。（p.304 上ℓ.9）

2 太字の漢字の読みを記しなさい。

①**炎天**〔　　〕にさらされる。（p.286 上ℓ.9）
②**滑**〔　　〕り落ちた。（p.287 上ℓ.1）
③しっかりした**普請**〔　　〕。（p.288 上ℓ.10）
④**崩**〔　　〕れた家屋。（p.288 下ℓ.16）
⑤**潤**〔　　〕いのある姿。（p.289 下ℓ.7）
⑥火照りを**鎮**〔　　〕める。（p.292 下ℓ.8）
⑦玉ねぎが**漂**〔　　〕ってくる。（p.293 下ℓ.1）
⑧**気配**〔　　〕を感じる。（p.294 上ℓ.12）
⑨顔が**膨張**〔　　〕する。（p.295 上ℓ.15）
⑩やり切れない**憤**〔　　〕り。（p.295 下ℓ.15）
⑪弱々しく**絡**〔　　〕む。（p.297 下ℓ.6）
⑫**境内**〔　　〕へ行く。（p.298 上ℓ.18）
⑬**憩**〔　　〕う場所。（p.299 上ℓ.6）
⑭悲惨**醜怪**〔　　〕さ。（p.300 上ℓ.18）
⑮**抹殺**〔　　〕される。（p.301 下ℓ.7）
⑯**倒壊**〔　　〕の跡。（p.302 下ℓ.4）
⑰火災は**免**〔　　〕れた。（p.304 上ℓ.2）

語句　知識・技能

1 次の太字の語句の意味を調べなさい。

①「……だったかしら。」と**うそぶく**。（p.289 上ℓ.8）
〔　　〕
②出現した出来事の新鮮さに**おののく**。（p.290 下ℓ.15）
〔　　〕
③私は**小耳に挟んだ**。（p.298 上ℓ.16）
〔　　〕

2 次の空欄に適語をあとから選んで入れなさい。

①〔　　〕煙る砂塵。（p.287 下ℓ.3）
②〔　　〕明かり。（p.297 上ℓ.8）
③汽車が〔　　〕通っていった。（p.297 下ℓ.10）
④〔　　〕田の上をとんぼが飛ぶ。（p.302 下ℓ.6）
（轟（ごう）と　青々とした　濛々（もうもう）と　茫（ぼう）とした）

3 次の語句を使って短文を作りなさい。

①かねて（p.292 上ℓ.8）
〔　　〕
②なるほど（副詞）（p.295 下ℓ.3）
〔　　〕

展開の把握

1 次の空欄に本文中の語句を入れて、内容を整理しなさい。 ▼学習一

段落	日時・場所	内容
第一段落（初め～p.286 下ℓ.5）	八月四日 街～妻の墓	私は街に出て花を買い、妻の〔ア〕に行った。墓前に供えた花は、黄色の小弁の可憐な野趣を帯び、いかにも〔イ〕らしかった。
第二～四段落（p.286 下ℓ.7～p.297 下ℓ.11）	八月六日 自宅～泉邸の川岸	私は自宅の厠（かわや）で被爆した。Kと私は避難場所の〔ウ〕に向かった。途中、多くの被爆者と会った。川岸に腰を下ろし、今生きていることの〔エ〕に気づき、このことを書き残さねばならないと、心につぶやいた。土手の窪地で眠るが、河原のほうでは、〔オ〕のうめき声がする。
第五段落（p.297 下ℓ.13～p.300 上ℓ.7）	八月七日 東照宮	兄たちは移動した。私は、東照宮で姪たちに会った。ここには多くの負傷者がいて、〔カ〕を受けていた。ここで夜を迎えることになるのかと思うと、〔キ〕かった。
第六～九段落（p.300 上ℓ.9～p.302 下ℓ.16）	八月八日 境内から避難先へ	夜明け前から〔ク〕の声がしていた。次々に死人が出るが、死骸は放置されていた。長兄が雇ってきた〔ケ〕でここを引き上げることにした。馬車で移動中、甥の文彦の死体を見つけた。次兄は、文彦のバンドを〔コ〕に取るなどして、立ち去った。馬車から、目抜きの焼け跡を一覧できた。〔サ〕を過ぎると、災禍の色はなかった。夕暮れ時、避難先の〔シ〕村に着いた。負傷者は回復せず、食糧も不足した。
第十段落（p.302 下ℓ.18～p.303 下ℓ.1）	後日（甥の話）	行方不明だった中学生の甥が帰ってきた。頭髪が抜けてから十二、三日後に鼻血を出したが持ちこたえた。
第十一段落（p.303 下ℓ.3～終わり）	八月六日～（Nの話）	Nは疎開工場へ汽車で出掛け、トンネルに入ったところで被爆した。彼は広島に引き返し、妻の勤めている〔ス〕に行き、妻を探したが見つからなかった。自宅や通勤路、至る所を探したが妻はいなかった。Nは最後にまた、〔セ〕の焼け跡を訪れた。

2 次の空欄に本文中の語句を入れて、場面設定と登場人物の設定をまとめなさい。 思考力・判断力・表現力

場面設定

日時 〔ア〕月〔イ〕日朝の原爆投下以降。

登場人物の設定

私 〔ウ〕にいて一命を拾う。

妹 階段下に身を潜めたのであまり負傷せず。

長兄 〔エ〕のテーブルで被爆。

次兄 用事で帰っていた〔オ〕で被爆。

次兄の家の女中 赤ん坊と長女を連れて逃げる。

姪（次兄の長女） 女中とはぐれたあと〔カ〕で保護。

中学生の甥 〔キ〕で被爆後、友人宅へ。

主題

思考力・判断力・表現力

●空欄に本文中の語句を入れて、全体の主題を整理しなさい。

広島の原爆で無事だった「私」は、生きている意味と作家としての使命に気づき、〔ア〕なものに対するやりきれない〔イ〕を感ずる。罹災者は言語に絶する惨状を呈し、爆心地近くは〔ウ〕的なものが抹殺された虚無的な死の世界が広がっていた。亡き〔エ〕への思いと犠牲者への思いが溶け合って、彼らへの哀悼と鎮魂を表している。

内容の理解

思考力・判断力・表現力

第一段落（初め〜p.286下ℓ.5）

1 「私は街に出て花を買うと、妻の墓を訪れようと思った。」（二八六・上1）について、次の問いに答えなさい。

(1) 「私」が墓を訪れようと思った動機を、本文中の語句を用いて五十字以内で説明しなさい。

(2) 新傾向 この作品において、冒頭の墓参りの部分がもつ効果として適当なものを、次から選びなさい。

ア 非常に暑い夏であることを印象づける効果。
イ 穏やかな日常の様子を描くことにより、原爆が投下された日の悲惨さを印象づける効果。
ウ 原爆が投下された日が、何日であるか記録としての正確さを強める効果。
エ 「私」の墓参りを描くことによって、日常生活が信仰中心の生活であることを印象づける効果。

〔　　〕

第二段落（p.286下ℓ.7〜p.289下ℓ.13）

2 「嵐のようなものの墜落する音」（二八七・上3）とは何の音か、答えなさい。

〔　　　　〕

3 「惨劇の舞台の中に立っているような気持ち」（二八七・下1）、「たしか、こういう光景は映画などで見たことがある。」（二八七・下2）にうかがえる「私」の心情として適当なものを、次から二つ選びなさい。

ア 突然の出来事に、現実感が持てないでいる。
イ 感情に流されない冷静な視線で周りの物事を見ている。
ウ 突然の出来事に興奮し、自分を失っている。
エ ショックのあまり、自分がどこにいるかわからずにいる。

〔　　〕〔　　〕

第二段落（p.286下ℓ.7〜p.289下ℓ.13）

4 Kの言葉を「変なこと」（二八九・上3）だと「私」が思ったのはなぜか、次から選びなさい。

ア 煙が出たことを心配して、危険を顧みず遠くへ逃げようとしているから。
イ 避難には水が欠かせないということをKが全く理解できていないから。
ウ 家屋の倒壊の影響で使い物にならなくなった防空壕にとどまろうと言うから。
エ 周りの建物が倒壊し、火の手も上がっている危険な場所へとどまろうと言うから。

〔　　〕

5 「もう大丈夫だという気持ちがした」（二九二・上5）での「私」の心情について説明した次の文章の空欄にあてはまる語句を、あとの語群から選んで記号で答えなさい。

避難場所の〔　①　〕の川岸に着き、〔　②　〕がひとまず去ったことへの〔　③　〕。

ア 東照宮　イ 泉邸　ウ 死の危険　エ 長兄
オ 虚無感　カ 安心感

①〔　　〕②〔　　〕③〔　　〕

第三段落（p.290上ℓ.2〜p.292上ℓ.13）

6 「さばさばした気持ち」（二九二・上7）の説明として適当なものを、次から選びなさい。

ア 安全な場所など見つからないという虚無感。
イ ずっと感じ続けていた不安からの解放。
ウ 生き長らえていることの満足感。
エ 自分がなすべき仕事への使命感。

〔　　〕

第三段落 (p.290上ℓ.2〜p.292上ℓ.13)

7 「己が生きていることと、その意味が、はっと私をはじいた。」(二九二・上9)とあるが、「私」は自分が生き残ったのは何のためだと考えているか。三十五字以内で説明しなさい。

第四段落 (p.292上ℓ.15〜p.297下ℓ.11)

8 「しばらく鎮まっていた向こう岸の火が、いつの間にかまた狂い出した。」(二九三・下11)という表現について説明した次の文章の空欄にあてはまる語句を、あとの語群から選んで記号で答えなさい。

ここで〔 ① 〕という修辞法が使われているため、対岸の火の手が強い様子を〔 ② 〕をもって表現することができている。

ア 隠喩法　イ 躍動感　ウ 擬人法　エ 落ち着き

①〔　　〕 ②〔　　〕

9 「言語に絶する人々の群れ」(二九四・下16)について説明した一文を本文中より抜き出し、初めと終わりの五字で答えなさい。

〜

10 「私も暗然としてうなずき、言葉は出なかった。」(二九五・下14)について、このときの「私」の状況の説明として適当なものを、次から選びなさい。

ア 男を助けながらも周囲の人々のことが気にかかって、男の言葉だけに集中できなかった。

イ 悲しみと憤りとで胸が一杯になって、男の言葉にうなずくのが精一杯だった。

ウ 空前絶後の不幸な出来事のために混乱してしまい、言葉を発する余裕などなかった。

エ 死んだほうがましだとつぶやく男の苦しみが痛いほどわかり、どう慰めてよいかわからなかった。

〔　　〕

11 「愚劣なものに対する、やり切れない憤り」(二九五・下15)とは、どのような憤りか。次から選びなさい。

ア 「死んだほうがましさ。」というつぶやきが愚劣に感じられたが、一方でその男を助けられない自分のふがいなさに対する憤り。

イ 「死んだほうがましさ。」というつぶやきに、うなずいてしまう自分が愚劣だと感じると同時に、そんな自分をやり切れないとする憤り。

ウ 平和な日常生活を混乱させ、突然、多くの人間の生を分断した非人間的なものに対するどうすることもできない原初的な憤り。

エ 平和な日常生活を混乱させ、多くの人間に迷惑をかけるようなやり方に怒りを覚えると同時に、しかたがないと諦めることへの憤り。

〔　　〕

12 「その暑い日の一日の記憶は不思議にはっきりと残っている」(二九七・下8)とあるが、そのときの「記憶」はどういうものとして残っているのか。解答欄に合うように、本文中から十字で抜き出して答えなさい。

▼傍問4

として残っている。

第五段落 (p.297下ℓ.13〜p.300上ℓ.7)

13 姪が「急に堪えられなくなったように泣き出した」(二九八・下3)のはなぜか。母親に会う前と後の状況の違いに注意して、四十五字以内で説明しなさい。

第六段落 (p.300上ℓ.9～p.300下ℓ.13)

14 **「それなのに」(三〇〇・下5) という表現には、「私」のどのような気持ちがこめられているか。四十字以内で答えなさい。**

第七段落 (p.300下ℓ.15～p.301上ℓ.11)

15 **「ある姿勢のまま硬直していた」(三〇一・上9) の「ある姿勢」とは、どういうことか。わかりやすく言い換えなさい。**

〔　　　〕

16 **「涙も乾き果てた遭遇であった」(三〇一・上11) と表現したのはなぜか。その説明として適当なものを次から選びなさい。**

ア　文彦の死体を発見してからそこを立ち去るまでの次兄の行為に、機械のような冷淡さを感じたから。

イ　文彦の死体も、中学生や若い女の死体と同じように感じられて、何の感慨もわいてこなかったから。

ウ　文彦の死体に対しても涙さえ見せない次兄の姿に、悲しみを通り越した人間の姿を垣間見たから。

エ　文彦の死体を見つけるまでの間に、兄が涙を流し尽くしていたことを知っていたから。

〔　　〕

第八段落 (p.301下ℓ.1～p.302下ℓ.2)

17 **「この辺の印象は、どうも片仮名で描きなぐるほうがふさわしい」(三〇二・上7) というのはなぜか。次から選びなさい。** ▼学習三

ア　言語に絶する光景であり、漢字や平仮名を使っていても、結局は表現することができないから。

イ　形あるものがすべて消滅し、新たな言葉が必要とされたから。

ウ　片仮名のほうが客観的な印象を与えるから。

エ　人間的な温もりのない無機的な光景を表現するには、直線的で硬い感じのする片仮名のほうがふさわしいから。

〔　　〕

第九～十段落 (p.302下ℓ.4～p.303下ℓ.1)

18 **第九段落と第十段落の構成上の特徴に関する説明として適当なものを次から選びなさい。**

ア　第九段落では馬車による移動が描かれ、第十段落では汽車で逃げる甥の様子が描かれており、これまでと異なる移動のスピード感が強調されている。

イ　第九段落では郊外に出るにつれて災禍の色から解放される様子が描かれるが、途中から第十段落に至るまで一貫して原爆の悲惨な状況が同じトーンで描写されている。

ウ　第九段落でも第十段落でも、これまでと同じように原爆による被害の実態が具体的かつ冷静な視点で述べられている。

エ　第九段落は女中の死、第十段落は中学生の甥が重態になりながらも持ちこたえていく様子が述べられており、二人の生死の明暗が対比的に描かれている。

〔　　〕

第十一段落 (p.303下ℓ.3～終わり)

19 新傾向 **Nが「最後にまた妻の勤め先である女学校の焼け跡を訪れた」(三〇四・下9) 理由についてまとめた次の文章の空欄にあてはまる語句を、あとの語群から選んで答えなさい。**

〔①〕の家族の共通の心理として、最愛の者の死を〔②〕ことができず、至る所を探し尽くして、再度、〔③〕よりほかにできることがなくなったから。

ア　負傷者　　イ　認める　　ウ　同じ場所を探す

エ　行方不明者　　オ　忘れる　　カ　勤め先にこだわる

①〔　　〕②〔　　〕③〔　　〕

学習目標　物語が人間にとって持つ意味を考え、表現に注意しながら物語を創造する。

物語を発現する力（佐藤雅彦）

教科書 p.308～p.313

検印

展開の把握

思考力・判断力・表現力

1 次の空欄に本文中の語句を入れて、内容を整理しなさい。

第一段落（初め～ p.308 下 ℓ6）	第二段落（p.309 上 ℓ.1～ p.310 上 ℓ.10）	第三段落（p.310 上 ℓ.11～ p.312 上 ℓ.10）	第四段落（p.312 上 ℓ.11～終わり）
私のメディアでの表現活動は、どれもとても短い。それは私が「〔ア　　　〕」に無関心だからだが、大学で〔イ　　　〕の研究をする者として、積極的に物語性を創り出す新しい方法を考えなければならない立場にある。そこで、「物語」とは我々人間にとってどういう意味があるものなのか、という問いに思いを巡らせた。	人間は、一枚一枚はわけのわからない図版でも、並べて提示すると、「ある物語」を創り上げる。この「〔ウ　　　〕をたちどころに生み出す能力」は、自分の目の前に現れた一見〔エ　　　〕な出来事群に対して、納得できる〔オ　　　〕を与える「人間に用意された生きていくための力」ではないか。	一つ一つ単独ではたいして意味がなく見えるやりとりも、それが複数連なると、ある意味体系を持つ一編の〔カ　　　〕を自然と見いだしてしまう。私がラーメン屋で三十年にわたって飛び飛びに見た光景などは、このよい例だ。	物語の創造という能力は、〔キ　　　〕的な情報群に「ある物語性」を発現させることで、その断片が持っている不可解さを解消し、我々が新しい〔ク　　　〕に向かうことを可能にする。

主題

思考力・判断力・表現力

1 次の空欄に本文中の語句を入れて、全体の主題を整理しなさい。

「〔ア　　　〕」とはどういう意味があるのか、という問いに思いを巡らせた。人間は、一枚一枚はわけのわからない図版でも、〔イ　　　〕て提示されると「ある〔ウ　　　〕」を創り上げる能力を持っているが、それは不可解な〔エ　　　〕に対して、納得できる筋道を与える「人間に用意された生きていくための力」ではないか。物語を創り出すことは、出来事の〔オ　　　〕が持っている〔カ　　　〕さを解消し、我々が新しい未知に向かうことを可能にする。

2 右を参考にして、主題を百字以内にまとめなさい。

内容の理解

思考力・判断力・表現力

第一段落（初め〜p.308 下 ℓ.6）

1 「私」の表現が「どれもとても短い」（三〇八・上4）のはどういう理由からか。本文中から八字で抜き出しなさい。

2 「大学で表現の研究をしている者」（三〇八・上15）は、どのような立場にあると筆者は考えているか。解答欄に合う形で本文中から三十字以内で抜き出し、初めと終わりの五字で答えなさい。

［　　　　　］〜［　　　　　］立場。

3 「ある興味深いこと」（三〇八・下6）とはどのようなことか。適当なものを次から選びなさい。

ア　一つの図版を見ると、人それぞれ、恣意的な解釈のパターンが生まれるということ。

イ　一枚一枚はわけのわからない図版なのに、並べて提示すると、人は「物語」を創り上げるということ。

ウ　人は一枚一枚の図版から「物語」を創り上げるが、その物語には、たいした意味はないということ。

エ　一つの図版を見て、人はさまざまな解釈をするが、方向性は一つであるということ。

［　　］

第二段落

4 「一見当たり前とも言える事柄を再確認した」（三〇九・下7）には、筆者のどのような考えが含まれているか。次から選びなさい。

ア　再確認した事柄は、当たり前なのでたいしたことはない。

イ　再確認した事柄は、当たり前のようだが実は重要だ。

ウ　再確認した事柄は、再確認すること自体が難しい。

エ　再確認した事柄は、当たり前かどうか判断できない。

［　　］

第二段落（p.309 上 ℓ.1〜p.310 上 ℓ.10）

5 「物語をたちどころに生み出す能力」（三一〇・上2）がないと、私たちはどういう人生を送ることになると筆者は考えているか。解答欄に合う形で本文中から五十字以内で抜き出し、初めと終わりの五字で答えなさい。

［　　　　　］〜［　　　　　］を送ることになる。

▼活動一

第三段落（p.310 上 ℓ.11〜p.312 上 ℓ.10）

6 「なにもやめることはないんだ」（三一〇・下4）は、息子のどのような言葉に対する父親の言葉だと考えられるか。予想できる息子の言葉を十五字以内で答えなさい。

第四段落（p.312 上 ℓ.11〜終わり）

7 「物語の創造という能力は、……我々に新しい未知に向かうことを可能にさせている」（三一二・下15〜17）とあるが、筆者はこれをどのような「力」だと文章の前半部分で述べているか。十七字で抜き出しなさい。

物語の創造

○次のように並べられた五コマの図について、物語を創造しなさい。

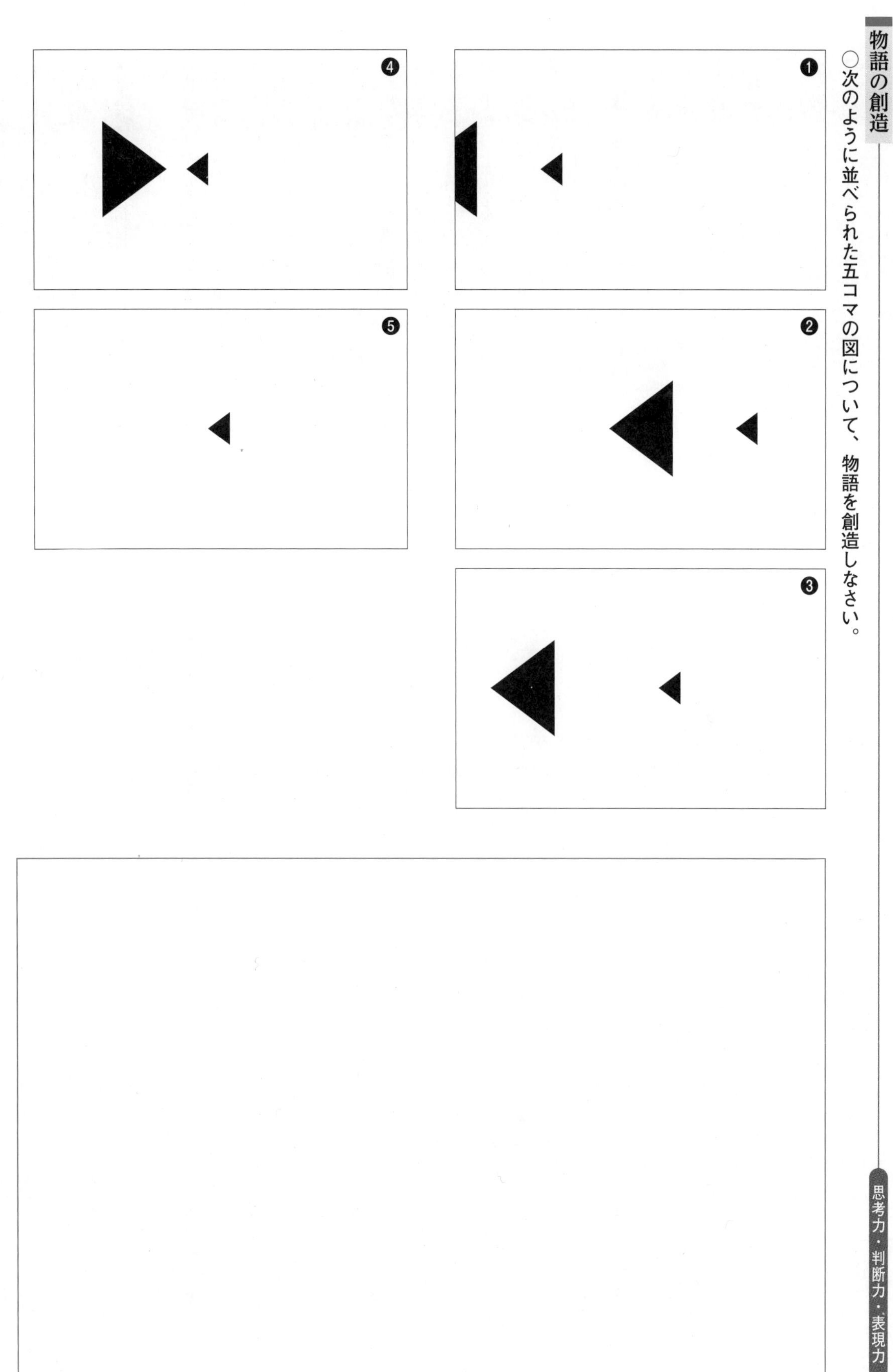

学習目標 教科書の作品について理解を深め、それを参考に、テーマを決めて短歌や俳句を作る。

テーマを決めて短歌・俳句を作る

教科書p.314〜p.319

検印

内容の理解

思考力・判断力・表現力

蝶

●次の各歌・各句の主題として適当なものを、それぞれあとから選びなさい。

・姫蜆蝶の〔　〕・幾十の〔　〕・春潮の〔　〕
・生きながら〔　〕・恋文を〔　〕・ひかり野へ〔　〕
・高々と〔　〕・蝶々の〔　〕

ア　自由を奪われながらも、自己の思いを貫こうとする意志。
イ　光あふれる至福の世界に遊ぶ純粋で崇高な魂。
ウ　蝶の聴覚的な発見と生きることの寂寥感。
エ　荒々しい自然を前にした可憐な蝶のけなげな飛翔。
オ　思いがけず出現した蝶への新鮮な感動。
カ　山峡の上空を飛翔してゆく一匹の蝶。
キ　可憐な蝶の繊細鋭敏な状況察知反応。
ク　蝶が乱舞する幻想的で不気味なイメージ。

犬

●次の各歌・各句の主題として適当なものを、それぞれあとから選びなさい。

・日のくれに〔　〕・白き犬〔　〕
・目のまへの〔　〕・我が家の〔　〕
・小春日や〔　〕・炎天に〔　〕
・土堤を外れ〔　〕・曳かるる犬〔　〕

ア　飼い犬の安否を思いやる人間的な心のあたたかさ。
イ　散歩に連れ出された飼い犬が全身で喜びを表す様子。
ウ　場所の変化で犬の概念が変貌するという知的な興味。
エ　作者の知らない世界を体験している飼い犬への興味。
オ　生命感に溢れる自然の中へ身を躍らせる犬の躍動美。
カ　伝統的な情趣とモダンなイメージを取り合わせた斬新さ。
キ　真夏の白昼に、犬の内部から発せられた不気味な音。
ク　不遇な状況に置かれたものの未来へのあたたかい励まし。

猫

●次の各歌・各句の主題として適当なものを、それぞれあとから選びなさい。

・猫のひげ〔　〕・やがて発光〔　〕・朱の壺に〔　〕
・頚つかみ〔　〕・十月の〔　〕・黒猫の〔　〕
・百代の〔　〕・恋猫の〔　〕

ア　万物流転の旅に出る子猫へのあたたかいまなざし。
イ　親猫につき従って移動する子猫たちのかわいい様子。
ウ　庶民的な世界の中でののんびりとした光景。
エ　日常のささいな行為から発する思いがけない出来事。
オ　猫と自分だけがいる神秘的で、瞑想的な世界。
カ　突如間近に拘束された子猫の身体反応の可憐さ。
キ　極度の恐怖に陥った猫の本能的な身体反応。
ク　どこまでも自己の特色を貫く猫への知的な興味。

走る・歩く

●次の各歌・各句の主題として適当なものを、それぞれあとから選びなさい。

・ころがりし〔　〕・暗道の〔　〕
・ずぶ濡れの〔　〕・そこだけが〔　〕
・湯に立ちて〔　〕・春ひとり〔　〕
・向日葵の〔　〕・しぐるるや〔　〕

ア　一人黙々と練習に取り組む青年。
イ　一人山間を旅するわびしく孤独な姿。
ウ　薄暗くわびしい幻想的なイメージの中の孤独感。
エ　真夏の日差しを遮断する速い流れ雲。

オ　希望や理想を抱く者たちのひたすら猛進する姿。
カ　山間の宿舎での幼いものの生命感。
キ　帰郷の喜びにはずむ心。
ク　自己の存在の本質や核心への問い。

飲む・食う

●次の各歌・各句の主題として適当なものを、それぞれあとから選びなさい。

・君と食む〔　〕　・一碗には〔　〕
・カワセミが〔　〕　・うすみどり〔　〕
・母の日の〔　〕　・誰もみな〔　〕
・葡萄食ふ〔　〕　・食べてゐる〔　〕

ア　愛情のこもった食べ物を食べたときの感謝の心。
イ　意外なところから現れた可憐なものへの興味。
ウ　命を育む小さな一粒一粒の食べ物への切ない思い。
エ　新鮮な連想を楽しみながらの夜食。
オ　おだやかな春のひととき、喫茶店での団欒の様子。
カ　一粒一粒を噛みしめるように味わっている情景。
キ　好意を寄せる友人との庶民的雰囲気の漂う会食。
ク　透明感のある存在への変身願望。

全体

●次の各句の季語を〔　〕に、季節を（　）に記入しなさい。

・恋文を〔　〕（　）
・ひかり野へ〔　〕（　）
・高々と〔　〕（　）
・蝶々の〔　〕（　）
・小春日や〔　〕（　）
・炎天に〔　〕（　）
・土堤を外れ〔　〕（　）
・曳かるる犬〔　〕（　）
・十月の〔　〕（　）
・黒猫の〔　〕（　）
・百代の〔　〕（　）
・恋猫の〔　〕（　）
・湯に立ちて〔　〕（　）
・春ひとり〔　〕（　）
・向日葵の〔　〕（　）
・しぐるるや〔　〕（　）
・母の日の〔　〕（　）
・誰もみな〔　〕（　）
・葡萄食ふ〔　〕（　）
・食べてゐる〔　〕（　）

創作

●「蝶」「犬」「猫」「走る・歩く」「飲む・食う」の五つのテーマから一つを選び、短歌・俳句を作りなさい。 ▼活動三

・短歌

・俳句

学習目標　教科書採録の古典作品を参考に、テーマを決めて物語を作る。

古典を基にして物語を作る

教科書 p.320〜p.324

検印

○次の文章を読んで、あとの問いに答えなさい。

伊勢物語　筒井筒

昔、①*田舎わたらひしける人の子ども、井のもとに出でて遊びけるを、大人になりにければ、男も女も恥ぢかはしてありけれど、男はこの女をこそ得めと思ふ。女はこの男をと思ひつつ、親の*あはすれども、聞かでなむありける。さて、この隣の男のもとより、かくなむ、

筒井筒*井筒にかけしまろが丈
*過ぎにけらしな妹見ざるまに

女、返し、

くらべこし振り分け髪も肩過ぎぬ
②君ならずしてたれか*上ぐべき

など言ひ言ひて、つひに③本意のごとくあひにけり。

語注

*田舎わたらひ…田舎で暮らしを立てること。
*あはすれども…ほかの男と結婚させようとするけれども。
*井筒にかけし…井筒と高さを比べた。
*過ぎにけらしな…井筒の高さを越してしまったにちがいないよ。
*上ぐ…髪を結い上げること。女子の成人の儀式の一つ。

要点の整理　思考力・判断力・表現力

1 傍線部①「田舎わたらひしける人の子ども、」について、次の問いに答えなさい。

(1) 「子ども」の説明として適当なものを、次から選びなさい。
ア　名詞（子供）
イ　名詞（子）＋複数を表す接尾語（ども）
〔　　〕

(2) そのように判断した根拠を、本文中から四字で抜き出しなさい。

2 傍線部②「君ならずしてたれか上ぐべき」とあるが、女は結局どのようなことが言いたかったのか。次から選びなさい。
ア　背丈も髪も伸びました。早く生活力をつけたいものです。
イ　私の夫とする人はあなた以外にありません。
ウ　あなたも早く大人になってください。
エ　あなたは私に飽きてしまったのですか。
〔　　〕

3 傍線部③「本意のごとくあひにけり。」とあるが、「本意」とは本来の望みのことである。この「本意」を具体的に表している箇所を本文中から二十五字以内で抜き出しなさい。ただし、歌は除く。

表現

思考力・判断力・表現力

1 **「書き出しの例」**（三三・上7～15）**を読んで、この例の物語では「いつ」「どこで」「誰が」「何を」しているのか話し合った。捉え方が適切でない生徒を次から選びなさい。** ▼活動二

生徒A：在原響と藤原彰という二人が登場人物になっているね。彼女たちの吹奏楽に関する物語が展開していくのかな。

生徒B：物語の主要な時期は高校入学後のようだけど、小学生のときからのエピソードも書かれているようだね。

生徒C：場面もいろいろ示されているね。小学生のときは音楽教室で楽器を習っているし、中学の廊下では吹奏楽部に誘う場面が描かれているね。

生徒D：響は幼なじみの彰を吹奏楽部に誘うのに、彰は断ってしまうんだね。この後物語はどうなっていくか、楽しみだな。

生徒〔　　〕

2 **「『響』の視点から続きを書いた例」**（三三・下15～19）**を参考にして、「彰」の視点から次のように続きを書いた。空欄にあてはまる語句を、あとの語群から選んで記号で答えなさい。** ▼活動三

今さら、フルートだなんてもう小学生だったときの私とは違うのだ。何も知らないで〔 ① 〕みたいに当たり前の顔をして声をかけてくる響に、私は〔 ② 〕を覚えていた。

それなのに、どうして別れ際の響が見せた〔 ③ 〕な顔が、私の頭から離れないのだろう。携帯電話を手に持っていたことに気づかないふりをしたのは、さすがに幼なじみへの態度としては〔 ④ 〕だろうか。

ア 友達　**イ** 悲しみ　**ウ** 寂しそう　**エ** 親切すぎた

オ 姉妹　**カ** いらだち　**キ** うれしそう　**ク** 冷たすぎた

①〔　　〕②〔　　〕③〔　　〕④〔　　〕

3 **「要点の整理」で確認した和歌二首を文章中に取り入れた物語を作る場合、どのような物語にするか。「～という物語。」という文末で終わるように、物語の方向性を考えて書きなさい。**

〔　　　　〕という物語。

4 **登場人物二人を設定し、人物像や二人の関係性などを考えて書きなさい。**

登場人物①〔　　　　〕

登場人物②〔　　　　〕

学習目標　入試レベルの読解問題に挑戦する。

入試問題に挑戦　TOKYO再び4　居場所（恩田陸）

愛知工業大学（改題）

検印

○次の文章を読んで、あとの問いに答えなさい。（段落の関係で改行箇所を改めている）

Ⅰ会社勤めをしていた頃、「どうしてもまっすぐ家に帰れない日」というのがあった。なぜかはひと口では言えない。とにかく、この気分のまま家に帰りたくない。今感じている空気を家に持ち帰りたくない。そう思う日があるのだ。そんな時は、ちょっとだけどこかに寄って、二、三十分でもいいから一息つく。

私はそれを「方違え（かたたがえ）」と呼んでいた。その「どこか」は日によって違う。喫茶店だったり、バーだったり、古本屋だったり、雑貨店だったり。遠回りしてゆっくり歩きたい川べりの遊歩道や、長い坂道、というのもある。いろいろだけれど、共通しているのは、ちょっと「どよん」とした、時間がゆっくり流れているような場所だということだ。

Ⅱ今は会社勤めではないけれど、やはりたまに①そういう時がある。

仕事や用があって外出し、すべての用事が済んだ。でもこのまますぐには帰れない。どこかで少しだけクールダウンしたい。そう思って、この辺りで「方違え」できるところはないかな、とぶらぶらしながら探す。

そんな時、初めての場所でいい目印になるのは、猫である。それも、いわゆる町猫や野良猫。彼らが寛（くつろ）いでいるようなところは、人間もホッと息抜きができて、なごめる場所であることが多い。

Ⅲ新しい商業ビルが次々とできる。どうやら規制があって、ある程度の大きさの商業施設には周りに緑地を造らなければならないらしく、整然として箱庭的なパブリックスペースが設けられている。景色としてはなかなか見栄えがよく、植木もよく手入れされている。維持費、高そう。

ただ、②どこか壁に掛かった絵みたいで、よそよそしく近寄りがたい。でも、歩き疲れたし、ベンチがあるんだから座ったって構わないだろう。その風景に足を踏み入れるのにちょっと躊躇（ちゅうちょ）するが、勇気を出しておそるおそる座ってみる。お邪魔します。

すると、どこからか声が聞こえてくるのだ。

「お行儀よく座ってね。あなたのファッション、我々が想定している素敵なお客様とはちょっと違うんだけど、今日は特別に許してあげる。休憩できるのは二十分以内と決まってます。だから、ダラダラしないでスマホをチェックしたら、さっさと立つこと。あなた、姿勢悪いね。ホラ、ちゃんと背筋伸ばして、スマホとは距離を取って。まさか、ここで煙草（たばこ）吸おうなんて思ってないよね？　今の時代に、そんなこと有り得ないから。一応飲食してもいいことになってるけど、蓋付きの飲み物だけ。食べ物は、うちの商業施設で買ったものなら許す。食べかす、こぼさない。ゴミは持ち帰ってね」
どうにも居心地が悪く、五分と座っていられず、こそこそと離れてしまう。

Ⅳしかし、そんなぴかぴかの商業施設の一画にも、たまにひっそりと猫が数匹寝そべっているところがあったりする。ちょっと奥まった場所で周囲からは目隠しされたようになっていて、やはり少し「どよん」と停滞した空気が流れており、「へえ、いい場所じゃん」と感心させられるような場所。そして、猫の隣には居眠りしているビジネスマンや、ペットボトル片手に先輩に悩み相談をしている女の子がいたりするのである。

つまり、社会や企業が人に「ここに居てほしい」と考える場所と、③人が「ここに居てもいい」と感じる場所とは別だ、ということなのだ。「居てもいい」と感じる場所は、たいてい自然発生的だ。なんとなく、どこからともなく人が集まってきてつい長居してしまう場所。世間の目を気にせずに済む、ちょっと隠れ家っぽい場所。古くからある、車の入れない狭い横丁などはその最たるものだ。そういう場所には、時間の蓄積がある。人々の営みの歴史がある。

Ⅴ人気のあった居酒屋が新しい店舗に移ったら雰囲気が変わってしまい、お客さんが入らなくなってしまったという話を時々聞くが、④人はやはり特定の場所に、時間の蓄積や土地の記憶を求めているのだろう。また、このごろでは最初から人が集まることを目論んであえて新設の「横丁」も作られているけれど、「こういうのが好きなんでしょ」という狙いが透けてしまい、作為を感じる場所に人は敏感で、あまり流行らないケースも見かける。

Ⅵ東日本大震災のあと、とある大学の建築科の研究室が「人々は今どのような場所を求めているか」というテーマの研究結果を本にした。集団移転で共同体の土地の記憶を失うことへの不安や、コミュニティーの継続の難しさが言われていたさなか、日本の各地を回って「ここ、いいな」と思う風景をひたすら写真に撮ってその共通点を探す、というシンプルなプロジェクトだったが、たまたま書店で手に取り、パラパラとめくって収録された写真を目にしたとたん、そのさりげない風景に魅力を感じてすぐに購入してしまった。

決して特別な風景というわけではない。誰かが持ってきた椅子を並べた木陰とか、道路の上に突き出た長い庇の下の待合所とか、つぎはぎで付け足されたトタン屋根が並んでいる街角とか。けれど、人が心惹かれる風景や「居たくなる」場所は、やはり人の営みの記憶が感じられ、ゆったりとした時間の流れの感じられる場所なのだということを、その膨大な写真を眺めながらつくづく思った。

Ⅶ新しいから、便利だから、合理的だから。そういうところに「居る」ことがいちばんいいし、そういうところに「居られ」れば満足だろう。社会や企業はそう考えるのかもしれないが、人はそれだけでは生きられない。

災害に強い町づくり、効率のいい町づくり。⑤それは理想的で正しいことだけど、そこから零れ落ちるものが人々の生活の細部と歴史を作る。

（恩田陸「ＴＯＫＹＯ再び４　居場所」による）

内容の理解

思考力・判断力・表現力

1 **傍線部①「そういう時」とは、どのようなときか。次から選びなさい。**

ア 先に帰ることを言い出せないような雰囲気が職場にあるとき。
イ 帰りに寄り道をして、ゆったりとした時間の流れに癒やされるとき。
ウ 仕事がもたらす苦悩や緊張をほぐしてから帰りたいと思うとき。
エ 仕事が終わってまっすぐ帰宅することが物足りないとき。 〔　　〕

2 **傍線部②「どこか壁に掛かった絵みたい」とは、どういうことをたとえたものか。次から選びなさい。**

ア あまりにも美しく立派すぎて、現実味が感じられないこと。
イ 機能性や実用性よりも、芸術的価値のほうが重視されていること。
ウ 高級感はあるものの、よく見ると薄っぺらで心に響くものがないこと。
エ 外から眺めると魅力的に見えるが、自分がそこに入り込める感じがしないこと。 〔　　〕

3 新傾向 **傍線部③「人が『ここに居てもいい』と感じる場所」について話し合った次の会話文を読んで、あとの問いに答えなさい。**

生徒A：「人が『ここに居てもいい』と感じる場所」とは「〔　①　〕ような場所」だと書かれていたけど、実際にはどんなところがあるだろう。
生徒B：大型の商業施設にはいろいろなお店があるし、疲れたときに休めるスペースもあって、見栄えだけでなく、利用する人のことを思いやっている感じがして、「ここに居てもいい」と思うんじゃないかな。
生徒C：私もそう思うよ。筆者は「〔　②　〕」と言っていたけど、ベンチもあって植木も手入れされていて、いいと思うな。
生徒A：そうかな。私は作られたスペースは「〔　③　〕」場所であって、「ここに居てもいい」と感じる場所とは違う気がするけどなあ。
生徒D：私もそう思うな。「ここに居てもいい」と感じる場所は、どこからともなく人が集まってきてつい長居をしてしまう場所で、意図的に作られた場所ではないと思うよ。

(1) 空欄①〜③に入る言葉を本文中から指定された字数で抜き出しなさい。

① 〔十二字〕
② 〔三字〕
③ 〔八字〕

(2) 生徒Dの発言の傍線部「意図的に作られた」と対義的な語句を本文中から五字で抜き出しなさい。

4 **傍線部④「あえて新設の『横丁』も作られている」とは、どういうことか。次から選びなさい。**

ア 住む人が暮らしやすいように配慮した「横丁」が作られていること。
イ 「時間の蓄積」を導入して設計された「横丁」が作られていること。
ウ 昔の「横丁」をモデルにした集客施設が設計されるようになったこと。
エ 新しい「横丁」を作ることで、雰囲気のよい町を作ろうとすること。 〔　　〕

5 **傍線部⑤「それは理想的で正しいこと」とあるが、どうすることが「理想的で正しいこと」なのか。二十五字以上三十字以内で説明しなさい。**

6 **本文の構成を起承転結型に分けると、「転」の段落はどこから始まるか。Ⅰ〜Ⅶの番号から一つ選びなさい。** 〔　　〕

入試問題に挑戦　てのひら（木内昇）

広島文教大学（改題）

検印

○次の文章を読んで、あとの問いに答えなさい。

母が、上京する。

電報を受け取ったその日から、佳代子はいそいそと支度にかかった。母と会うのは二年ぶりだ。それもこれまでは、盆や正月に佳代子が夫と連れだって帰郷する折に会うばかりで、東京に呼んでも、日頃世話になっている弟夫婦に気兼ねしてか、母はなかなか重い腰を上げようとしなかった。

「ずいぶん楽しそうじゃないか。」

部屋の隅々まで念入りに雑巾がけをする佳代子を、夫はからかってから顔をほころばせる。

佳代子にとって母はずっと、他の母親たちと比べるのも惜しいほど特別な存在だったのだ。

結婚前は初等学校の教員をしていたとかで、その辺りには珍しく教養があったのも、幼い佳代子には自慢だった。夜中、*御不浄に起きるたび、小さな電灯の下で籐椅子に腰掛け一心に小説を読む母の姿を見つけては、うっとりしたものだった。家事も一切、手を抜かなかった。生来のきれい好きのためだろう、いつでも家中淀みなく磨き上げられていたし、料理も必ず一工夫凝らしたものが食卓を飾った。家族の誕生日には小豆を煮だして赤飯を炊き、自ら型紙を起こしたハイカラなワンピースを佳代子のためにたくさん縫った。母自身も、質素だけれど趣味のいい服を身につけ、いつも身ぎれいでいた。普段は口の悪い級友たちも「おめぇの母ちゃん、垢抜けとるなぁ。」と素直に褒めた。①母特有の気品は、歳をとっても少しも衰えることがなかった。

上野の駅までは、夫に迎えに行ってもらった。

佳代子はその間、井戸水でビールを冷やし、ちらし寿司の錦糸卵を慎重に作った。うきうきと、何度も表を窺った。

車の音が家の前で止まり、木戸の開く音がする。佳代子は急いで玄関へと駆け出し、挨拶より先に安堵の息をついた。母は、なにひとつ変わっていなかった。品のいい鶯色の和服を身につけ、福々とした笑みを浮かべている。

「佳代ちゃん、しばらくお世話になりますね。」

（中略）

翌日銀座へ向かう車の中で、母は落ち着かなく身を揺らし②「こんな無駄遣いはいけないよ。」と拝むような口調で言った。並木通りで車を降り、和光や松坂屋を眺める。中に入ってみましょうと佳代子が誘っても、なにも買わないんだから入ったら申し訳ないよ、と小声で返して沿道から建物を見上げるのだ。

そういうときの母の身体は、妙な具合に曲がっていた。腰が曲がっているというのではなく、そう、ちょうど子供をおぶったときのような、背中の重く傾いだ形によく似ていた。母の背はもうピンと張ってはいない。そこにはもう、なにかが貼り付いてしまっている。長い歳月がもたらす、逃れられないなにかが。

お昼は資生堂パーラーでとった。母はメニューを見て「高いよ。高いねぇ。」と念仏のように呟いた。

「いいのよ、私も食べたいもの。たまの贅沢だもの。」

佳代子がそう言うと不承不承、「じゃあ、佳代ちゃんと同じものをいただこうかね。」と顔に不安を浮かべたまま言った。節々が鉤状に曲がった指でコップを摑んで、一口水を含み、「帰りは歩きで行こうね。」と微笑んだ。

「無理よ。ここから千駄木まで歩くのは。」

「平気だよ。お母さん、足は丈夫だよ。」

母はテーブルの下からひょいと下駄をのぞかせた。鼻緒は美しかったが、よく見ると歯のちびた下駄だった。

「歩きやすいんだから。鼻緒をすげ替えてもう十五年も履いてるんだ。」

③佳代子は、周囲のテーブルに母の声が届いてしまうことを恐れた。そういう心持ちになったのは初めてのことだった。

「そうだお母さん、帰りに新しい履き物を買いましょうよ。銀座だったら質のいいものをたくさん置いているはずだから。」

母はとんでもないと首を振り、「新しいのを買ったって、生きているうちに履ききれないもの。」と、そう言った。なんの感傷もない、あまりに自然な物言いだった。だから無駄になっちゃうよ、と母は言ったのだ。

佳代子はこういう高級レストランに出入りする婦人たちを、常々疎ましく思っていた。つつましい暮らしこそが理想だった。けれど今日ばかりは彼女たちの華美な装いや振る舞いが羨ましかった。こんな風に奔放で浪費家の母だったら、どれほど気が楽だったろう、と。

母は、人混みというものに至って無頓着だった。そんなものがこの世にあるということなど、まるで知らないようだった。

翌日行った浅草でも、ふたりはうまく人の流れに乗ることができず、仲見世や浅草寺の人混みに、波間に浮かぶ木の葉のようにもてあそばれた。母は気になるものがあると周りも見ずに立ち止まり「あれ、ごらん。」と幼げな声で佳代子に話しかける。そのたびに人波が遮断され、過ぎゆく人々が迷惑顔を容赦なくこちらに向けた。佳代子が母を守るように手を添えても、みな平気でぶつかっていく。

腹の中に言いしれぬ怒りが湧いて治まらなかった。東京という街の雑な味気なさを憎らしく思った。きっとこの街は、あっけらかんとすべてを暴いてしまうのだ。

（中略）

「佳代ちゃん、悪いけど、今日はご飯を多めに炊いてくれないかい。」

母が言ったのは、上野見物に行く日の朝だ。佳代子はその通りにし、母の朝食を食卓に並べ、仕事に向かう夫を送り出した。母が使っている部屋に入ると既に布団は上げてあり、塵ひとつなく隅々まで掃き清められていた。変わらぬ母の証があった。④けれど母が母なのは、故郷とこの家の中だけなのだ。

母はこの日、見慣れぬ風呂敷包みを持って表に出た。

「私が持ちましょう。」

玄関口で佳代子が手を伸ばすと、慌てて風呂敷をかき寄せ胸に抱いた。その拍子に母の爪が触れ、佳代子の手の甲にひっかき傷を作った。上野まで歩く途中、その傷はみみず腫れになった。

母は昔、佳代子を叱るとき決まって平手で腿を撲った。華奢なくせに力が強く、その跡はいつもみみず腫れになった。佳代子は夜寝るときや学校の帰り道、たびたびそこを触ってみた。不思議と悲しい気持ちにはならなかった。むしろ、なだらかに盛り上がった丘陵は指に心地よいものだった。母の、てのひらの跡。自分の身体に刻まれた、母の強さだった。

不忍池を歩きながら「大きな蓮だねぇ。」とはしゃぐ母が、軽く足を引きずっているのに佳代子は気付く。

「足、お辛いんじゃないの？」

母は急いで素知らぬ顔を作った。

なぜ甘えてくれないのだろう。佳代子は、得体の知れない苛立ちに覆われた。車だって喫茶店で休むのだっていくらもしないことなのに。ただ、お母さんに喜んで欲しいだけなのに。

「やっぱり下駄を買いましょう。車で行けばいいわ。お昼は精養軒を予約してあるからそのあとで。」

努めて明るく言うと、母はやにわに今朝の風呂敷を佳代子の顔の前に差し出し、得意顔で包みを解いた。そこには塩むすびが四つと、いつの間に買ったのか、日水のソーセージが二本入っていた。

「お母さんのために、そんなにお金を使うことはないよ、佳代ちゃん。食べるものなんてなんでもいいんだから。」

佳代子は、⑤母のてのひらを見つめたまま、ぼんやり立ちつくした。

そのとき、ちょうど後ろを通りかかった若い二人連れが、道を塞いでいた母の背にぶつかった。その拍子にソーセージがぽろりと風呂敷の中から転げ落ちた。

佳代子の中で何かが爆（は）ぜた。

「道の真ん中で立ち止まっちゃ迷惑じゃない！」

あまりの剣幕に、母より若者たちのほうが驚いてこちらを見た。

「そんなちびた下駄を履いてちゃダメじゃない！　こんなところでおにぎりなんか、みっともないんだわ。」

佳代子は大声で泣き出したかった。どうして泣きたいのか、怒りなのか哀（かな）しみなのか、なにもわからなかった。わからなくなって佳代子は駄々をこねたのだ。

こうして癇癪（かんしゃく）を起こすと、母は必ず佳代子を叱ったものだった。凄（すさ）まじい厳しさで。凛（りん）と美しい仕草で。けれど目の前の母は所在なげに風呂敷を丸めて、小さくうつむいている。「ごめんよ。悪いことしたね。」と心細げに詫（わ）びている。

「お母さん、田舎者で……佳代ちゃんに恥ずかしい思いをさせちゃって。」

「どうして周りが見えないの？　どうしてお金のことばかり言うの？　どうしてちゃんとできないの？」

母を責める言葉が、止まらなかった。この残酷な気持ちはどこから来るのだろう。何が許せないのだろう。きっと母でも、東京でもない。もっと大きな、自分がいつしか背負ってしまった現実が恨めしいのだ。それを受け入れたくなくてぐずっているのだ。

母は目に、うっすら涙を浮かべて立ちすくんでいた。それから小声で「お母さん、もう佳代ちゃんの家に帰りたいよぉ。」と言った。

⑥道の真ん中で、幼女が二人、哭（な）いていた。

その夜、佳代子は慎重に母に詫びた。

母はけれど、なにもなかったかのように優しく居て、その後数日を過ごした。佳代子は母の上京を台無しにしてしまったことを悔いた。この後悔から一生逃れられないだろうと思った。もう、それを取り戻す機会は残されていない予感があった。

（木内昇『てのひら』による）

語注

＊**御不浄**…トイレ・便所のこと。

内容の理解

思考力・判断力・表現力

1 傍線部①「母特有の気品は、歳をとっても少しも衰えることがなかった。」ということを裏付けている一文を三十字以内で抜き出し、初めの五字を書き出しなさい。

2 傍線部②「『こんな無駄遣いはいけないよ。』と拝むような口調で言った。」とあるが、この時の母はどのような思いでいるのか。次から選びなさい。

ア　故郷を忘れて東京の暮らしになじんでいる娘に寂しさを感じている。

イ　自分のせいで娘に負担をかけていることを申し訳なく感じている。

ウ　想像以上に贅沢をしている娘をたしなめなくてはと思っている。

エ　都会の華やかさに圧倒されている自分を情けなく思っている。〔　　〕

3 傍線部③「佳代子は、周囲のテーブルに母の声が届いてしまうことを恐れた。」とあるが、その理由を次から選びなさい。

ア　昼食をとるために入った店で、メニューの値段の高さばかり心配する母と同様に、自分も貧乏だと周囲から思われるのが嫌だったから。

イ　周りの人から見えないからと思って、古びた下駄をテーブルの下からのぞかせた母の所作からは気品が感じられなく、情けなく思えてきたから。

ウ　歯のちびた下駄を十五年も履き続けていることを誇らしげに言う母が、銀座の華やかな雰囲気に似つかわしくなく、恥ずかしく感じられたから。

エ　新しい下駄を買ったとしても生きているうちに履ききれなくて無駄になると言われ、年老いた母の現実を突きつけられて悲しかったから。〔　　〕

4 傍線部④「けれど母が母なのは、故郷とこの家の中だけなのだ。」とは、どういうことか。次の文の空欄に入る語句を本文中から抜き出して答えなさい。

〔ア　　〕があり、きれい好きで〔イ　　〕も手を抜くことなく、洋裁もできてハイカラなワンピースも縫い、〔ウ　　〕だけれども趣味のいい服を着て、身ぎれいにして気品のある〔エ　　〕な存在であった母の姿は、東京の街中にはなく、佳代子が家で母と二人でいるときと故郷の思い出の中にしか存在していないということ。

5 傍線部⑤「母のてのひら」とは、佳代子にとってどういう意味があったのか。本文中から五字以内で抜き出しなさい。

6 新傾向　次の会話文は傍線部⑥「道の真ん中で、幼女が二人、哭いていた。」という表現に対する意見、感想を述べたものである。これを読んであとの問いに答えなさい。

生徒A：佳代子がお母さんを責めているのは、世間体を気にしてのことだと思うので、「幼女」という表現には違和感があるな。

生徒B：そうかな。佳代子は自分の気持ちもわからなくなり、子供に戻ったように「〔　①　〕」となっているので、「幼女」でいいと思うな。もう一人は娘に叱られてしまったお母さんだよね。

生徒C：そう、お母さんは、昔のように厳しく、「〔　②　〕」で娘を叱ることができなくて、詫びながら泣いてしまったんだ。それは叱られた子どものようで、「幼女」という表現は合っていると思うよ。

(1) 生徒Aの傍線部「世間体を気にして」と合致しない佳代子の発言を、次から選びなさい。

ア　「お昼は精養軒を予約してあるからそのあとで。」

イ　「道の真ん中で立ち止まっちゃ迷惑じゃない！」

ウ　「こんなところでおにぎりなんか、みっともないんだわ。」

エ　「どうして周りが見えないの？」〔　　〕

(2) 空欄①、②に入る言葉を本文中から指定された字数で抜き出しなさい。

①〔六字〕

②〔七字〕

入試問題に挑戦

妄想（森鷗外）

岐阜聖徳大学（改題）

検印

○次の文章を読んで、あとの問いに答えなさい。

●「自分」は、ヨーロッパに留学経験のある「白髪の主人」で、いま、目前に広がる海を眺めながら、「過去の経歴」を回想している。

　とかくする内に留学三年の期間が過ぎた。自分はまだ均勢を得ない物体の動揺を心の内に感じていながら、何の師匠を求めるにも便りの好い、文化の国を去らなくてはならないことになった。生きた師匠ばかりではない。相談相手になる書物も、遠く足を運ばずに大学の図書館に行けば大抵間に合う。又買って見るにも注文してから何箇月目に来るなどという面倒は無い。そういう便利な国を去らなくてはならないことになった。

　故郷は恋しい。美しい、懐かしい夢の国として故郷は恋しい。しかし自分の研究しなくてはならないことになっている学術を真に研究するには、その学術の新しい田地を開墾して行くには、まだ①種々の要約の闕けている国に帰るのは残惜しい。あえて「まだ」と云う。日本に長くいて日本を底から知り抜いたと云われている独逸人某は、この要約は今闕けているばかりでなくて、永遠に東洋の天地には生じて来ないと宣告した。東洋には自然科学を育てて行く雰囲気は無いのだと宣告した。果してそうなら、帝国大学も、伝染病研究所も、永遠に欧羅巴の学術の結論だけを取り続ぐ場所たるに過ぎないはずである。こういう判断は、ロシアとの戦争の後に、欧羅巴の当り狂言になっていた（注1）Taifunなんぞにも現れている。しかし自分は日本人を、そう絶望しなくてはならないほど、無能な種族だとも思わないから、あえて「まだ」と云う。自分は日本で結んだ学術の②果実を欧羅巴へ輸出する時もいつかは来るだろうと、その時から思っていたのである。

　自分はこの自然科学を育てる雰囲気のある、便利な国を跡に見て、夢の故郷へ旅立った。それはもちろん立たなくてはならなかったのではあるが、立たなくてはならないという義務のために立ったのでは無い。自分の願望の秤も、一方の皿に便利な国を載せて、一方の皿に夢の故郷を載せたとき、③便利の皿を吊った緒をそっと引く、白い、優しい手があったにもかかわらず、たしかに夢の方へ傾いたのである。

　（注2）シベリア鉄道はまだ全通していなかったので、印度洋を経て帰るのであった。一日行程の道を往復しても、往きは長く、復りは短く思われるものであるが、四五十日の旅行をしても、そういう感じがある。未知の世界へ希望を懐いて旅立った昔に比べて寂しく

また早く思われた航海中、籐(と)の寝椅子に身を横(よこた)えながら、自分は(注3)行李(こうり)にどんなお土産を持って帰るかということを考えた。自然科学の分科の上では、自分は結論だけを持って帰るのではない。将来発展すべき萌芽をも持っているつもりである。しかし帰って行く故郷には、その萌芽を育てる雰囲気が無い。少(すくな)くも「まだ」無い。その萌芽も徒(いたず)らに枯れてしまいはすまいかと気遣(きづか)われる。そして自分は(注4)fatalistisch(ファタリスチッシュ)な、鈍い、陰気な感じに襲われた。

そしてこの陰気な闇を照破する光明のある哲学は、我(わが)行李の中には無かった。その中に有るのは、(注5)ショオペンハウエル、(注6)ハルトマン系の厭世(えんせい)哲学である。現象世界を有るよりは無い方が好いとしている哲学である。進化を認めないではない。しかしそれは無に醒覚せんがための進化である。

自分は(注7)錫蘭(セイロン)で、赤い格子縞(じま)の布を、頭と腰とに巻き附(つ)けた男に、美しい、青い翼の鳥を買わせられた。籠を提げて舟に帰ると、フランス舟の乗組員が妙な手附きをして、(注8)「Il ne vivra pas!(イル ヌ ウィウラ パァ)」と云った。美しい、青い鳥は、果して舟の横浜に着くまでに死んでしまった。④それも果敢(はか)ない土産であった。

＊　＊　＊

自分は失望をもって故郷の人に迎えられた。それは無理も無い。自分のような洋行帰りはこれまで例の無い事であったからである。これまでの洋行帰りは、希望に輝く顔をして、行李の中から道具を出して、何か⑤新しい手品を取り立ててご覧に入れることになっていた。⑥自分はちょうどその反対の事をしたのである。

東京では都会改造の議論が盛んになっていて、アメリカのAとかBとかの何号町かにある、独逸人のいう(注9)Wolkenkratzer(オルケンクラッツェル)のような家を建てたいと、(注10)ハイカラア連が云っていた。その時自分は「都会というものは、狭い地面に多く人が住むだけ人死が多い、殊に子供が多く死ぬる、今まで横に並んでいた家を、竪(たて)に積み畳(かさ)ねるよりは、上水や下水でも改良するが好かろう」と云った。また建築に制裁を加えようとする委員が出来ていて、東京の家の軒の高さを一定して、整然たる外観の美を成そうと云っていた。その時自分は「そんな兵隊の並んだような町は美しくは無い、強いて西洋風にしたいなら、むしろ反対に軒の高さどころか、あらゆる建築の様式を一軒ずつ別にさせて、(注11)ウェネチアの町のように(注12)参差錯落(しんしさくらく)たる美観を造るようにでも心掛けたら好かろう」と云った。

食物改良の議論もあった。米を食うことを廃(や)めて、たくさん牛肉を食わせたいと云うのであった。その時自分は「米も魚もひどく消化の好いものだから、日本人の食物は昔のままが好かろう、もっとも牧畜を盛んにして、牛肉も食べるようにするのは勝手だ」と云った。

(注13)仮名遣(かなづかい)改良の議論もあって、(注14)コイスチョーワガナワというような事を書かせようとしていると、「いやいや、(注15)

Orthographieはどこの国にもある、やはりコヒステフワガナハの方がよろしかろう」と云った。

そんな風に、人の改良しようとしている、あらゆる方面に向って、⑦自分は本の杢阿弥説を唱えた。そして保守党の仲間に逐い込まれた。⑧洋行帰りの保守主義者は、後には別な動機で流行し出したが、元祖は自分であったかも知れない。

そこで学んで来た自然科学はどうしたか。帰った当座一年か二年は(注16)Laboratoriumに這入っていて、ごつごつと馬鹿正直に働いて、本の杢阿弥説に根拠を与えていた。正直に試験してみれば、何千年という間満足に発展して来た日本人が、そんなに反理性的生活をしていようはずはない。初から知れ切った事である。

さてそれから一歩進んで、新しい地盤の上に新しい(注17)Forschungを企てようという段になると、地位と境遇とが自分を為事場から撥ね出した。自然科学よ、さらばである。

もちろん自然科学の方面では、自分なんぞより有力な友達が大勢あって、跡に残って奮闘していてくれるから、自分の撥ね出されたのは、国家のためにも、人類のためにもなんの損失にもならない。

ただ奮闘している友達には気の毒である。依然として雰囲気の無い処で、高圧の下に働く潜水夫のように喘ぎ苦んでいる。雰囲気の無い証拠には、まだForschungという日本語も出来ていない。そんな概念を明確に言い現す必要をば、社会が感じていないのである。自慢でもなんでもないが、「業績」とか「学問の推挽」とか云うような造語を、自分が自然科学界に置土産にして来たが、まだForschungという意味の簡短で明確な日本語は無い。研究なんというぼんやりした語は、実際役に立たない。(注18)載籍調べも研究ではないか。

* * *

こういう閲歴をして来ても、未来の幻影を逐うて、現在の事実を蔑にする自分の心は、まだ元のままである。人の生涯はもう下り坂になって行くのに、逐うているのはなんの影やら。

「いかにして人は己を知ることを得べきか。省察をもってしては決して能わざらん。されど行為をもってしてはあるいは能くせん。汝の義務を果さんと試みよ。やがて汝の価値を知らん。汝の義務とは何ぞ。日の要求なり。」これは(注19)Goetheの詞である。

日の要求を義務として、それを果して行く。これはちょうど現在の事実を蔑にする反対である。自分はどうしてそういう境地に身を置くことが出来ないだろう。

日の要求に応じて能事畢るとするには足ることを知らなくてはならない。足ることを知るということが、自分には出来ない。自分は永遠なる不平家である。どうしても自分のいないはずの所に自分がいるようである。どうしても灰色の鳥を青い鳥に見ることが出来ないのである。道に迷っているのである。夢を見ているのである。夢を見ていて、青い鳥を夢の中に尋ねているのである。なぜだと問うたところで、それに答えることは出来ない。これはただ単純なる事実である。自分の意識の上の事実である。

⑨<u>自分はこのままで人生の下り坂を下って行く</u>。そしてその下り果てた所が死だということを知っている。

しかしその死はこわくはない。人の説に、老年になるに従って増長するという「死の恐怖」が、自分には無い。

（中略）

死を怖（おそ）れもせず、死にあこがれもせずに、自分は人生の下り坂を下って行く。

（森鷗外『妄想（もうぞう）』による）

70

（注1）Taifun…日本の医学生を主人公とした劇。
（注2）シベリア鉄道…ロシアの東西を横断する鉄道。幹線は、一八九一年（明治二十四年）に着工され、一九一六年（大正五年）に全通した。
（注3）行李…旅行用の荷物入れ。
（注4）fatalistisch…（ドイツ語）宿命論的。
（注5）ショオペンハウエル…ドイツの哲学者（一七八八〜一八六〇）。
（注6）ハルトマン…ドイツの哲学者（一八四二〜一九〇六）
（注7）錫蘭…インド半島の南にある島。現在のスリランカ。
（注8）Il ne vivra pas!…（フランス語）どうせ育ちませんよ。
（注9）Wolkenkratzer…（ドイツ語）高層建築。
（注10）ハイカラア連…西洋風を気取る人たち。
（注11）ウェネチア…イタリア北部の都市。

（注12）参差錯落…さまざまなものが入り交じっていること。
（注13）仮名遣改良の議論…仮名遣いの表記を現代語音によるものに改めようとする運動。
（注14）コイスチョーワガナワ…『小倉百人一首』に収録された壬生忠見の和歌「恋すてふわが名はまだき立ちにけり人しれずこそ思ひそめしか」にもとづく。
（注15）Orthographie…（ドイツ語）正書法。語の正しい表記のしかた。
（注16）Laboratorium…（ドイツ語）実験室。
（注17）Forschung…（ドイツ語）研究。
（注18）載籍調べ…書物を調べること。
（注19）Goethe…ゲーテ（一七四九〜一八三二）。ドイツの文人・科学者。

内容の理解

思考力・判断力・表現力

1 傍線部①「要約」と同じ意味の言葉を、本文中から十五字以内で抜き出しなさい。

2 傍線部②「果実」と同じ意味の言葉を、本文中から抜き出しなさい。

3 傍線部③「便利の皿を弔った……夢の方へ傾いた」とは、どういうことか。次から選びなさい。〔　　〕

ア「白い、優しい手」は、留学先にいまだ惹かれる思いを暗示し、「自分」には留学先に留まりたいという思いがあったにもかかわらず、便利な国を去ることにしたということ。

イ「白い、優しい手」は、留学先で学んだ学術研究を象徴し、「自分」にはまだ研究を続けたい意志があったにもかかわらず、恋しい夢の国を去る決意をしたこと。

ウ「白い、優しい手」は、故郷に遺してきた懐かしい家族を象徴し、「自分」にはそのような親しい人々がいたにもかかわらず、美しい夢の国に行く決心をしたこと。

エ「白い、優しい手」は、留学先で知り合った恋人を暗示し、「自分」は故郷に遺してきた恋人と留学先の恋人を秤にかけた結果、懐かしい故郷に旅立つ決心をしたということ。

4 傍線部④「それも果敢(はか)ない土産であった。」について、あとの問いに答えなさい。

(1)「それ」とは何か。十字以内で抜き出しなさい。

(2)「自分」の「土産」には「それ」のほかにどのようなものがあったか。本文中の語句を用いて十字以内で答えなさい。

5 傍線部⑤「新しい手品」を言い換えた語句を、本文中から五字で抜き出しなさい。

6 傍線部⑥「自分はちょうどその反対の事をした」とあるが、「その反対の事」に該当しないものを、次から選びなさい。〔　　〕

ア アメリカの町にあるような高層建築を建てるのではなく、上下水道を整備する方が良いという主張。

イ 建築物の高さに一定の規制を設けることによって、ウェネチアのような美観を造るのが良いという主張。

ウ 牛肉を食べるようにしてもよいが、まずは日本人の昔からの食生活に従い、米や魚を優先的に食べるべきだという主張。

エ 仮名遣を現代の発音に基づいた表記に改めるのではなく、Orthographieを維持することが大切だという主張。

7 傍線部⑦「自分は本の杢阿弥(もくあみ)説を唱えた。」とあるが、その理由を本文中の語句を用いて四十字以内で説明しなさい。

8 傍線部⑧「洋行帰りの保守主義者」とは、どのような人物のことか。次か

ら選びなさい。

ア　西洋で学んできたことから、西洋文化と日本文化の折衷を志向し、日本社会を急進的に変革しようと意図する人物。

イ　西洋で学んできたので、日本と西洋の文化や伝統、社会の特質を深く理解し、両者の根本的な相違に苦悩する人物。

ウ　西洋で学んできた反動から、西洋社会よりも日本の伝統社会が優れていることに気付き、そのことを過信する人物。

エ　西洋で学んできたが、西洋の文物よりも、まず日本の歴史の中で培われてきた文化や伝統の合理性を重視する人物。　〔　　〕

9　傍線部⑨「自分はこのままで人生の下り坂を下って行く。」とあるが、「自分」はこの事実をどのように捉えているか。次から選びなさい。

ア　「自分」の人生が死に向かっているからこそ、その事実に抵抗し、未来の夢を追求して生きることが大切だと考え、奮起している。

イ　「自分」の人生が死に向かっているとしても、夢を持っていれば明るい未来が開けると希望を持ち、死の恐怖から目をそらそうとしている。

ウ　「自分」の人生が死に向かっていることを自覚しているにもかかわらず、現在に満足できないでいる「自分」を認め、驚きあきれている。

エ　「自分の」人生が死に向かっているのだから、その事実を受け入れ、日々の要求を行っていくことが、死の恐怖を克服する方法だと考えている。　〔　　〕

10　本文の内容として適当でないものを、次から一つ選びなさい。

ア　日本に帰国した「自分」は、他人が改良しようとしていることにことごとく異を唱えたために、期待していた故郷の人々を失望させた。

イ　「自分」は、長い歴史の中で日本人が築いてきた生活や伝統に相応の理由があると考え、むやみに西洋の事物を崇拝する人々を批判している。

ウ　「自分」は、自然科学を日本で発展させたいと考え奮闘したが、有力な友達に撥ね出されたため、十分な成果を残せず研究を断念した。

エ　「自分」は、死を自覚するようになっても、現在に安住できない性質のまま、日々の要求に応じて生きる生き方に満足できないでいる。　〔　　〕

11　新傾向　本文を読んだAさんは、夏目漱石の「現代日本の開化」の一節と比較して、次のようにまとめてみた。まとめの空欄に入る適語を、問題文と「現代日本の開化」の文章の中から抜き出して補いなさい。

①西洋の開化（すなわち一般の開化）は内発的であって、日本の現代の開化は外発的である。ここに内発的というのは、内から自然に出て発展するという意味で、ちょうど花が開くようにおのずからつぼみが破れて花弁が外に向かうのを言い、また外発的とは、外からおっかぶさったほかの力で、やむを得ず一種の形式をとるのをさしたつもりなのです。

②現代日本の開化は、皮相、上滑りの開化であるということに帰着するのである。むろん、一から十まで、何から何までとは言わない。複雑な問題に対してそう過激の言葉は慎まなければ悪いが、我々の開化の一部分、あるいは大部分は、いくらうぬぼれてみても上滑りと評するより致し方がない。

夏目漱石は、一般的な開化とは〔　①　〕であるとし、明治維新以降の日本の開化を外発的、〔　②　〕な開化と批判している。一方、森鷗外は、西洋を〔　③　〕や相談相手になる書物も求めやすい〔　④　〕な種族の国と回想して評価しつつも、日本人を絶望するほど〔　⑤　〕だとは見ておらず、いずれ日本人がまとめた〔　⑥　〕の結論をヨーロッパに〔　⑦　〕する時が来ると期待している点が特徴的である。

①〔　　〕　②〔　　〕　③〔　　〕

④〔　　〕　⑤〔　　〕　⑥〔　　〕

⑦〔　　〕